AF477765

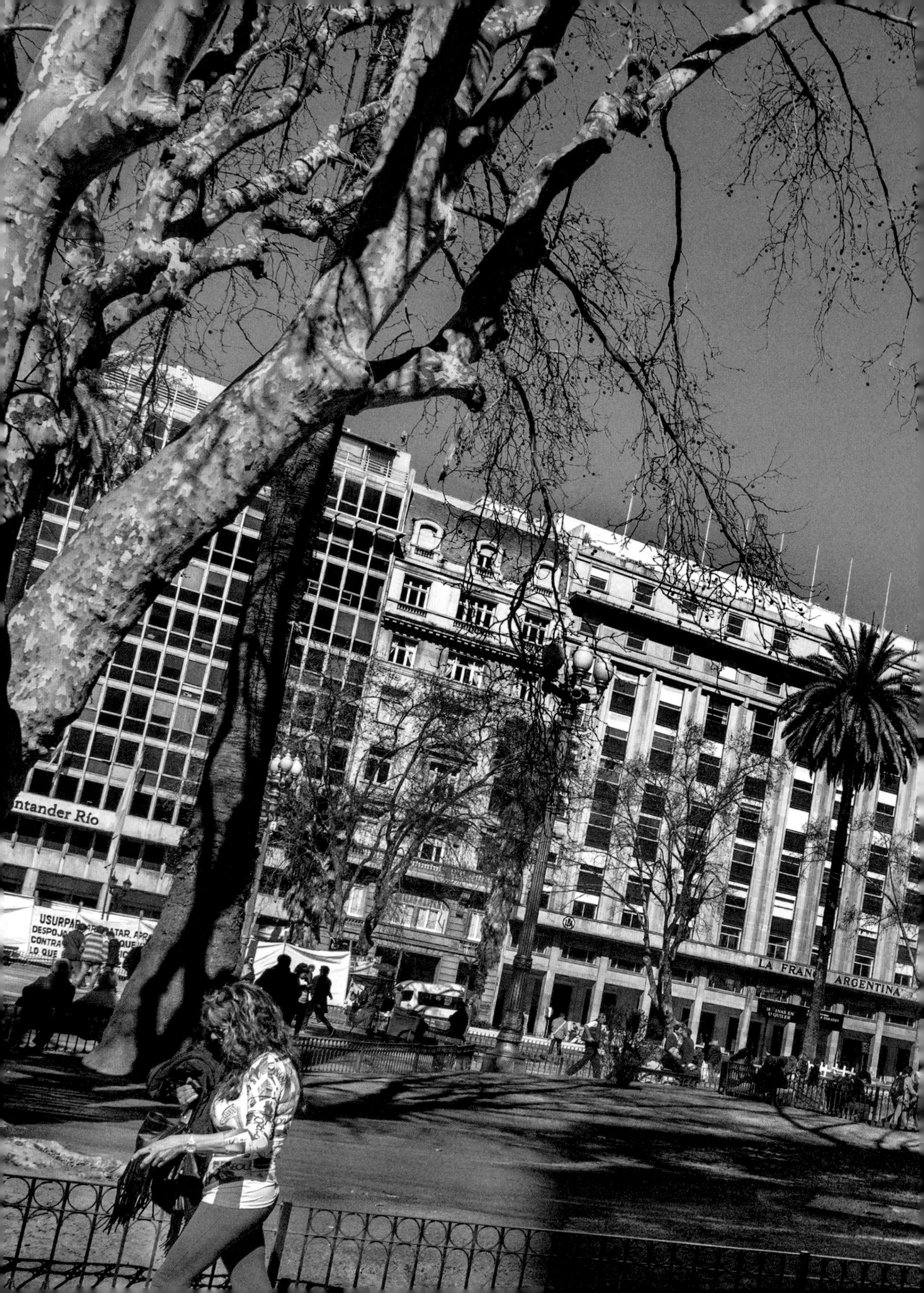

ntander Río
USURPAR
DESPOJAR
CONTRA
LO QUE
LA FRANC   ARGENTINA

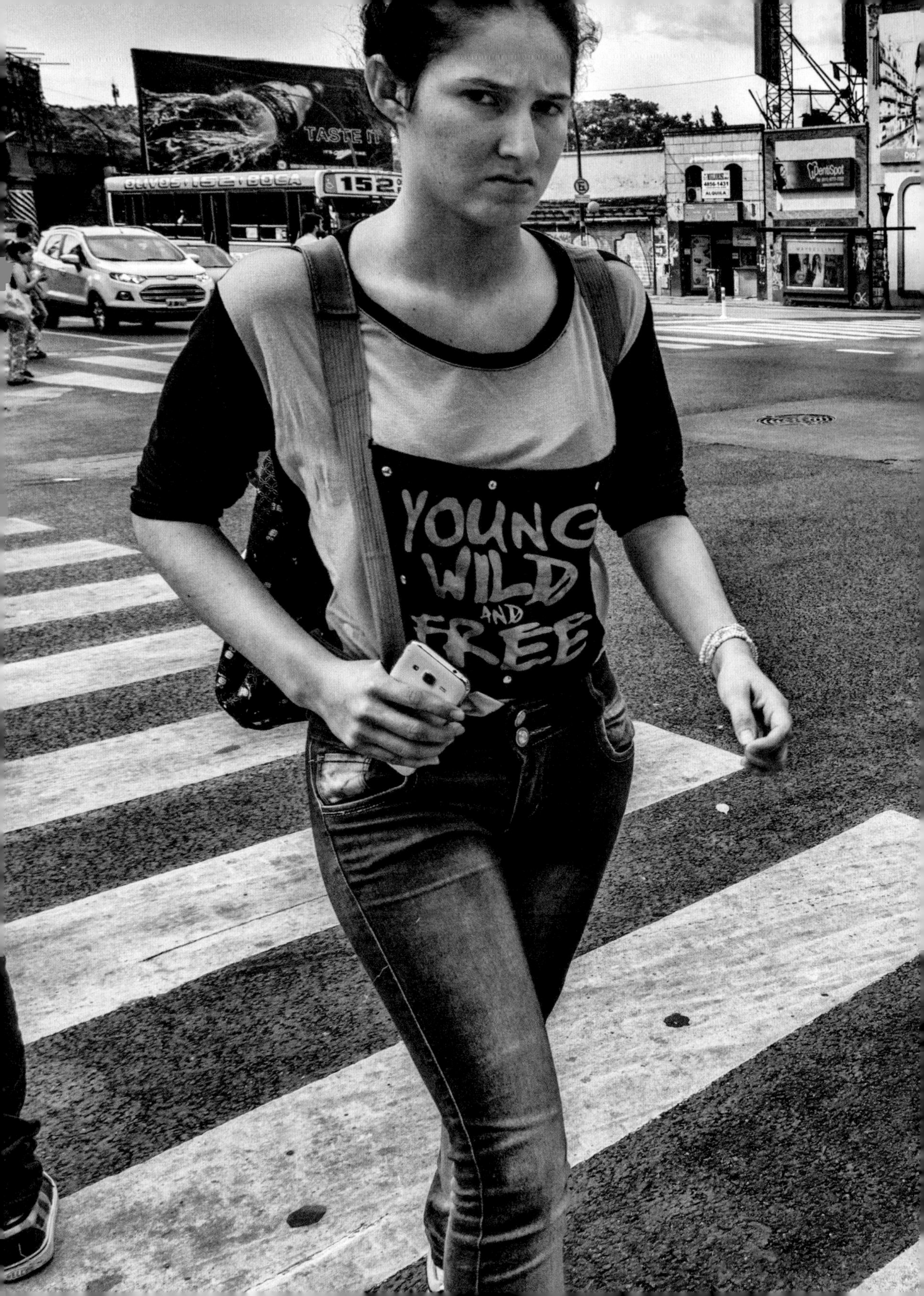

YOUNG WILD AND FREE
OLIVOS 152 BOCA
152
TASTE IT
DentiSpot
4856-1431
ALQUILA

H

S

A

R

T

A

H

S

Pablo Ortíz Monasterio

Pablo Ortíz Monasterio

Inés Ulanovsky

Como esas fotos hechas en el momento justo, ese inmediatamente anterior a que algo extraordinario ocurra, Pablo Ortiz Monasterio fotografió la ciudad de Buenos Aires, muy poco tiempo antes de que se gestara una revolución.

El libro empieza con Eva, no con la primera mujer de la historia, sino con Eva Perón, considerada la jefa espiritual de la Nación Argentina. La foto de un edificio público en el que una enorme escultura metálica de Evita le habla a su pueblo, nos anticipa lo que vendrá después.

Es justo que sea ella porque consiguió algo que parecía imposible, les otorgó a las mujeres argentinas el derecho a votar. El 23 de septiembre de 1947, Eva se dirigió a las "mujeres de su Patria" y en un mítico discurso en Plaza de Mayo, anunció la sanción de la Ley del Voto Femenino, un reclamo histórico que sólo exigía la igualdad de derechos y oportunidades de hombres y mujeres.

"Aquí está, hermanas mías,
resumida en la letra apretada
de pocos artículos una larga
historia de lucha, tropiezos
y esperanzas. ¡Por eso hay en
ella crispaciones de indignación,
sombras de ocasos amenazadores,
pero también, alegre despertar
de auroras triunfales!..."

Así era como Eva les decía a las
mujeres argentinas (nos decía)
que teníamos que luchar.
Después de ella, vienen todas
las demás. El fotógrafo registró
una Buenos Aires que parece
estar únicamente habitada por
mujeres. Los pocos hombres que
aparecen en sus fotos son personajes
secundarios o apenas fragmentos.
Las observo detenidamente.
Podría afirmar que las mujeres
de sus fotos están hartas porque
también conozco ese hartazgo.
La palabra "harta" fue una de las
más utilizadas en las redes sociales
argentinas en los últimos años. Es

habitual ver mujeres que llevan esa
palabra impresa en su ropa, que las
representa como una bandera.

Este es el registro fotográfico
de una ciudad habitada por
mujeres, niñas, jóvenes y
ancianas visiblemente hartas.

Muchas de ellas miran a cámara
con desconfianza o sorpresa o enojo
y en esa acción parecen también
interpelar al hombre que está detrás
de la cámara. Entonces ocurre que el
sorprendido es también el fotógrafo
que dispara, tal vez porque siente
que no puede hacer otra cosa y
transforma esa incomodidad en fotos.

Ver la serie es hacer
un recorrido sociológico e
inquietante por diferentes clases
de mujeres argentinas.

Una monja vestida de blanco
es observada por tres señoras
que la miran detrás del vidrio de
una confitería. Parada sobre la
vereda, parece muy enojada y tiene
los brazos abiertos. Una mitad
de su cuerpo está iluminada por

el sol y la otra mitad está en la
sombra. La monja y las señoras
que la observan están hartas.
     Dos mujeres pasean un carrito
para bebés que va inquietantemente
vacío, una anciana toma un café
mientras otra mujer que podría
ser su hija o su enfermera la
mira. Todas ellas están hartas.
     Una chica que está harta mira
a cámara con desconfianza y enojo.
Lleva estampada en su ropa una
frase que tal vez sea su mayor deseo:
"Young wild free" (joven salvaje libre).
     Tres generaciones de mujeres
caminan por la calle y coinciden
en una misma foto. No es posible
saber si son familia o amigas pero
aún sin conocerlas es evidente
que ellas también están hartas.
     Desde un cartel iluminado,
una modelo observa la soledad de
la noche porteña, dos hombres
ven con demasiada atención a
una dama y una mujer cansada
de estar cansada mira a cámara
—nos mira— y nos pide ayuda.

Una madre de Plaza de Mayo
lleva colgado sobre su pecho un
retrato de Milagro Sala, otra mujer
que está presa por luchar. Una joven
lleva como un estandarte una foto-
bandera de otra madre de Plaza de
Mayo. Una señora camina envuelta
en una bandera argentina. Sobre
una tela hay varias fotos que son casi
estampitas religiosas de momentos
de la presidencia de Cristina
Fernández de Kirchner, la primera
que fue elegida por el voto popular.
Monasterio fotografió el
momento anterior a que algo
extraordinario ocurra: la revolución
de las mujeres, que pusieron el
cuerpo en la calle y salieron a
luchar, hartas de que en Argentina
ser mujer sea tan peligroso.
Estas son las fotos de la
calma que antecede al huracán.

—Buenos Aires, febrero de 2021

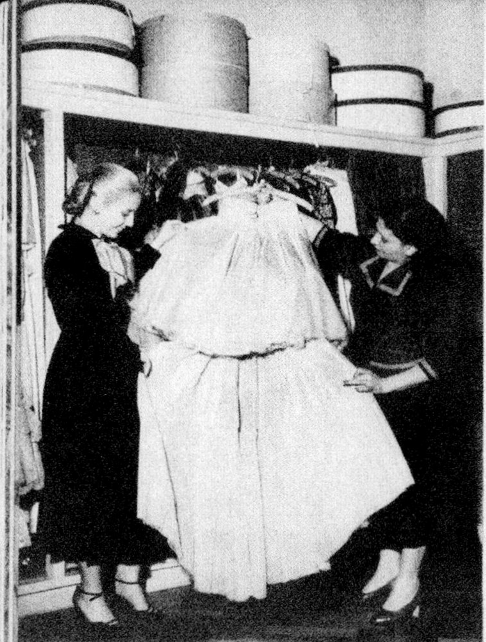

A BREATH OF PARIS, a gown designed for her in the French capital, is shown by Señora Perón with the help of maid Irma. Nearly all her gowns are imported.

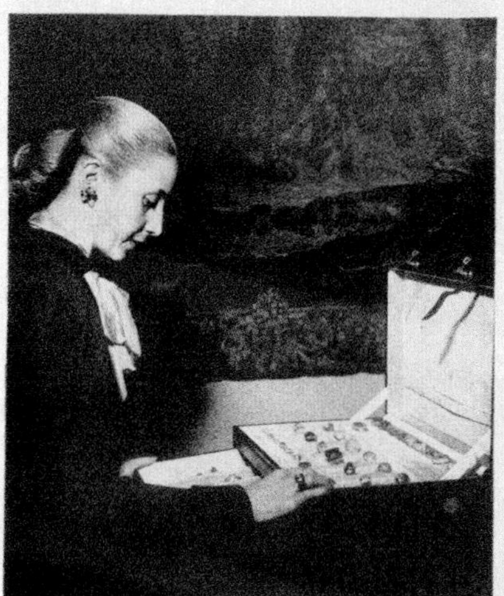

A TRAY OF GLITTER holds Evita's attention. Trays contain part of hoard of jewels which Argentines claim is largest owned by any woman since Cleopatra.

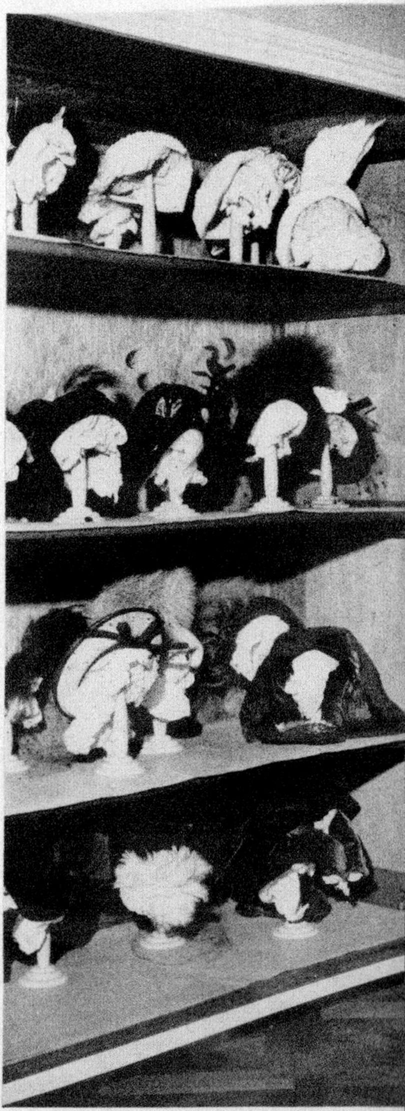

HATS BY THE DOZEN await Señora Perón's choice and pleasure. Three large rooms, lined with immense cupboards, are needed to house her furs, suits, hats

LIFE MAGAZINE, 1950

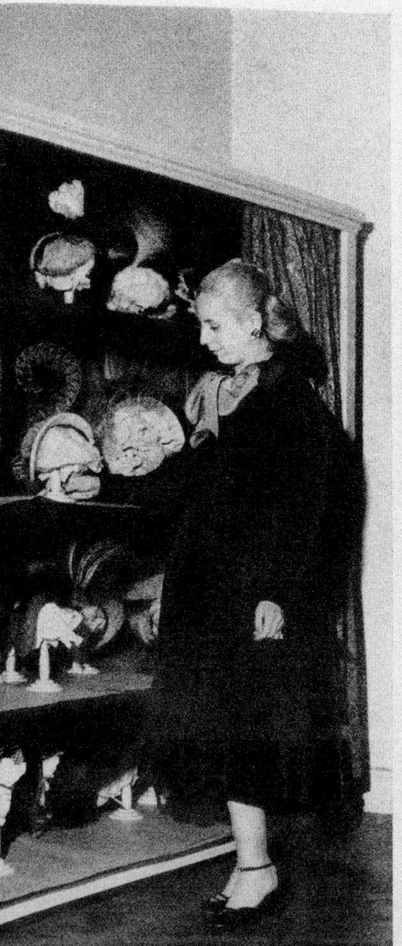

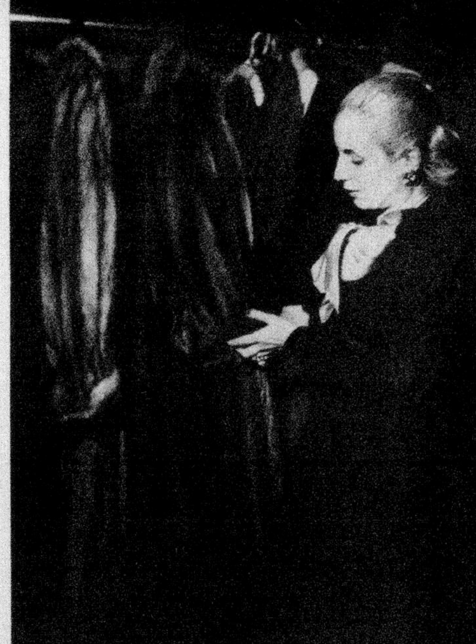

A TRIFLE OF MINK, an Azur blue coat which she says has only one duplicate in world, is admired by Señora Perón, whose wardrobe includes a variety of furs.

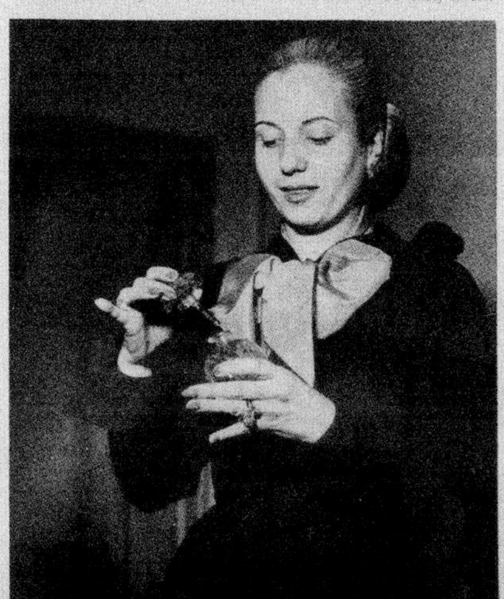

A HINT OF FRAGRANCE completes her preparations for day. She brought back to Argentina from her 1947 tour through Europe gallons of fine perfumes.

and shoes. Each year a special "couturier envoy" is sent to Paris to bring back the best work of great designers. Evita often wears an evening gown only once.

FOTOS: GISELE FREUND

CONTINUED ON NEXT PAGE

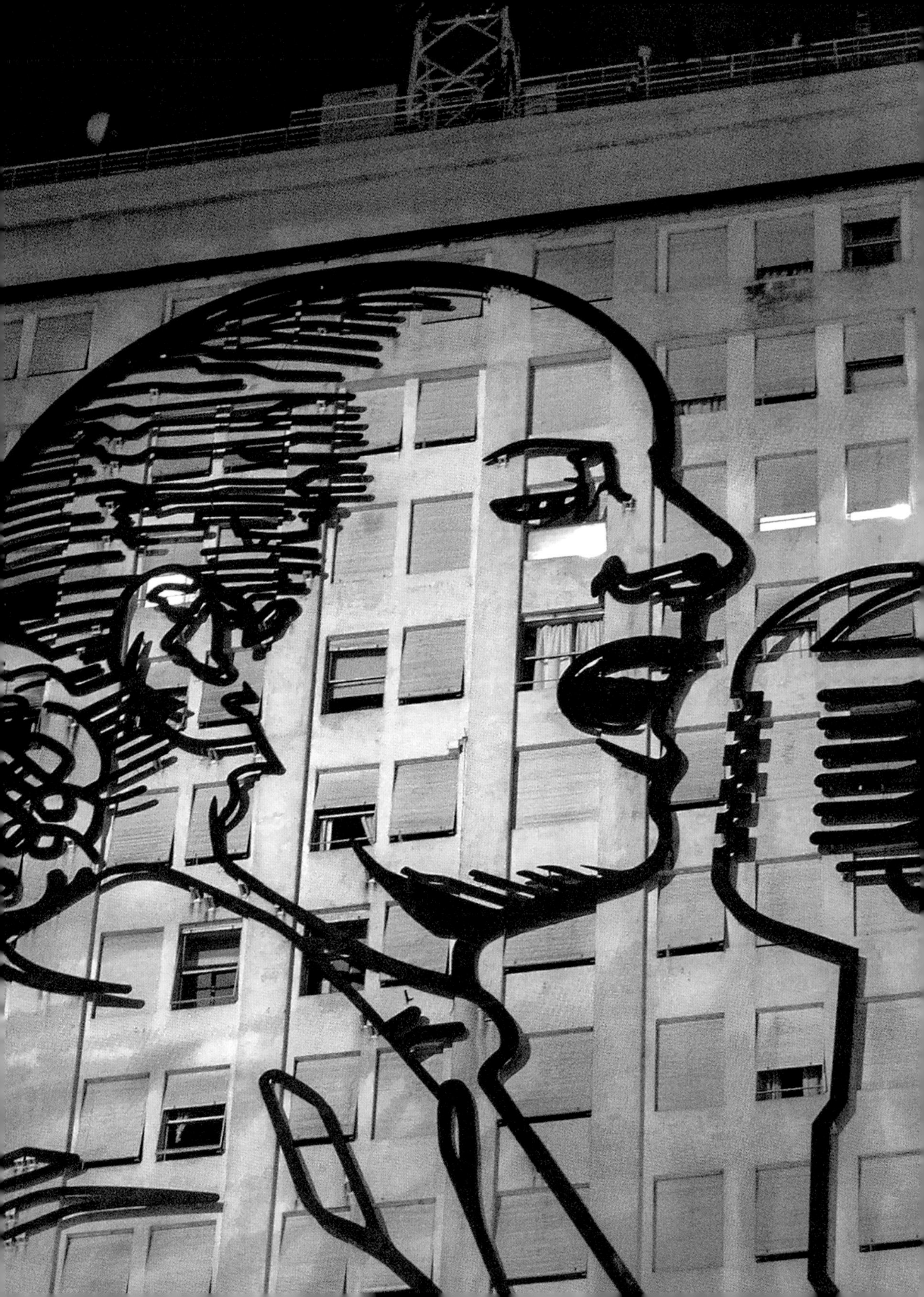

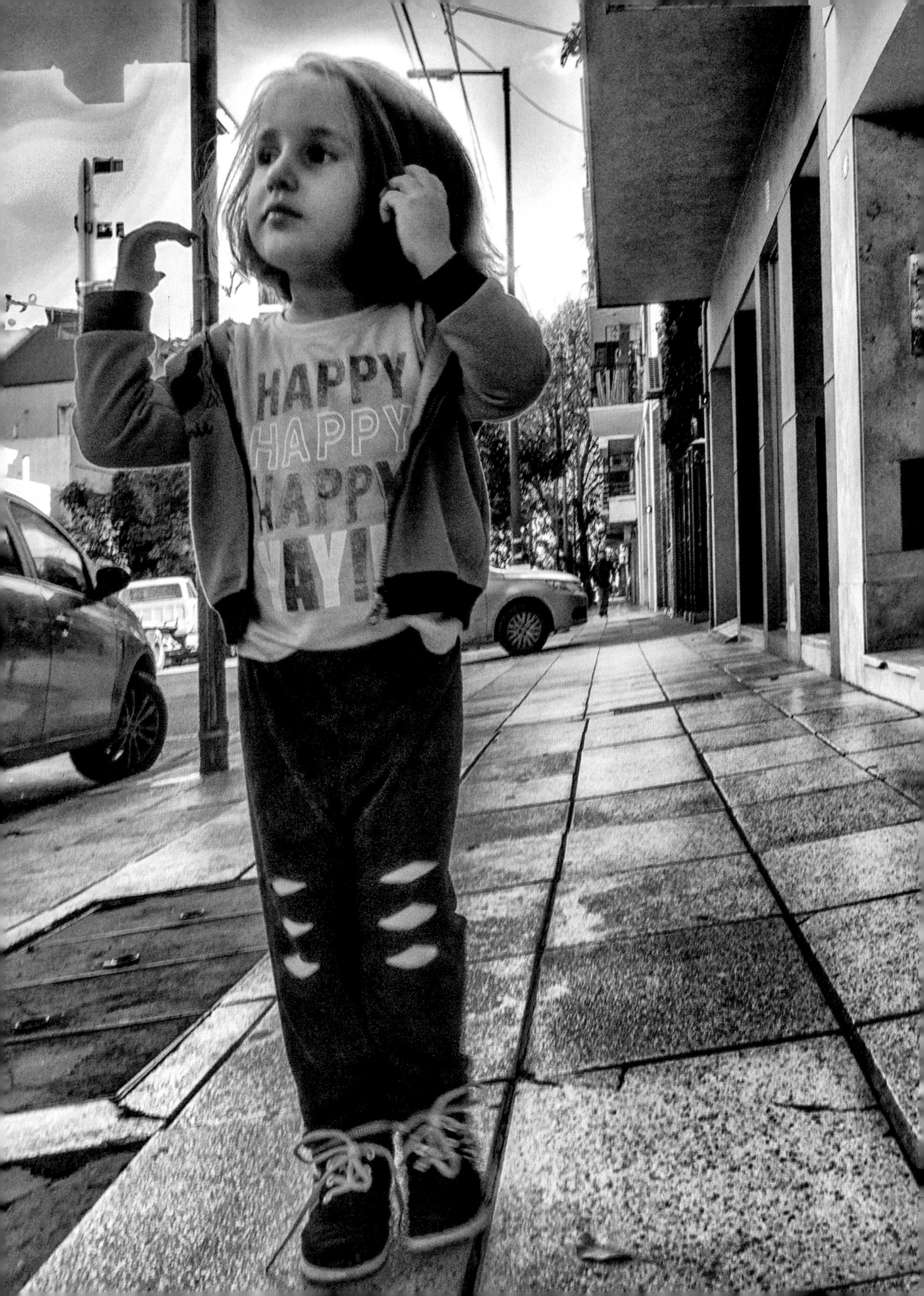

HAPPY
HAPPY
HAPPY
DAY!!

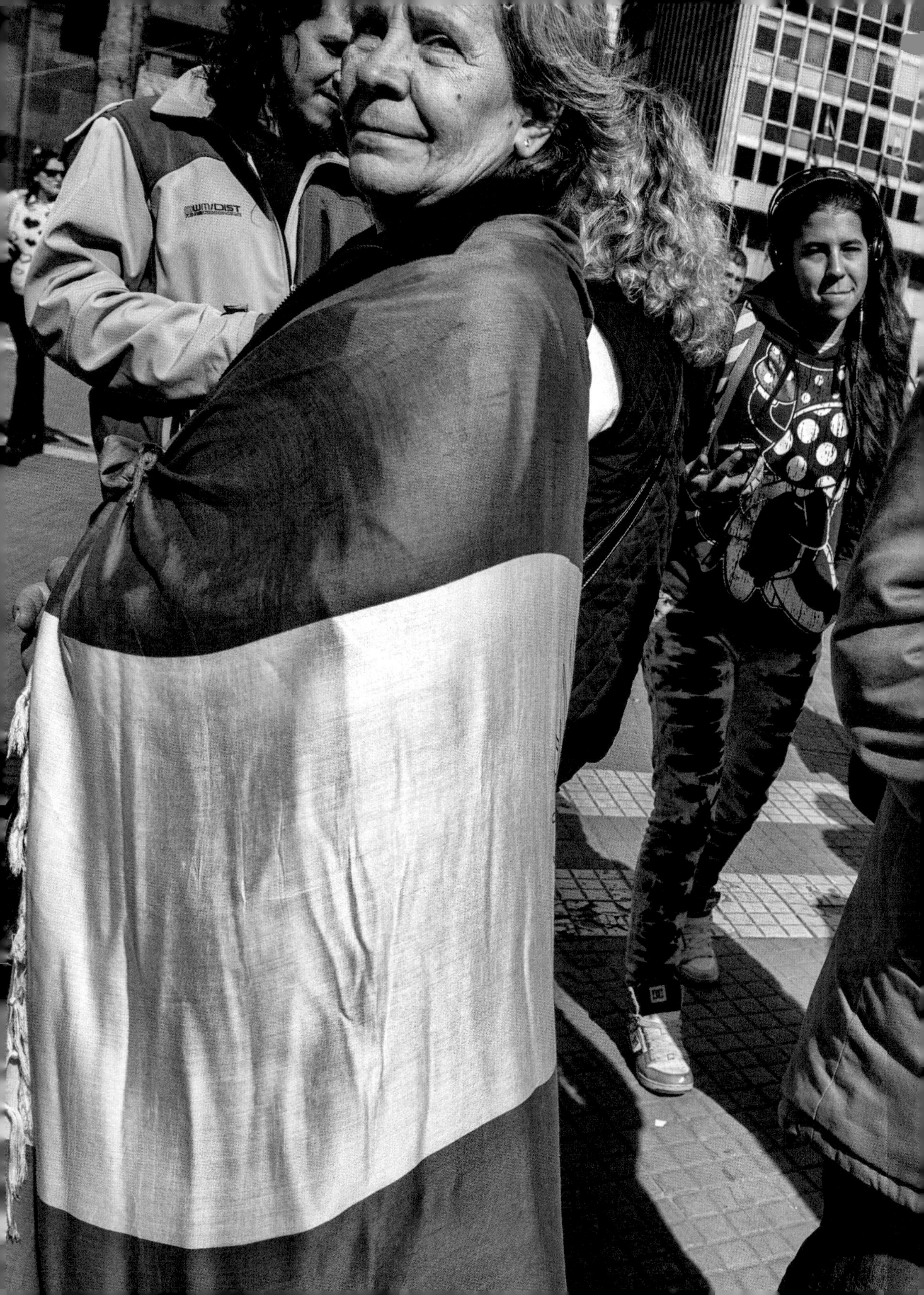

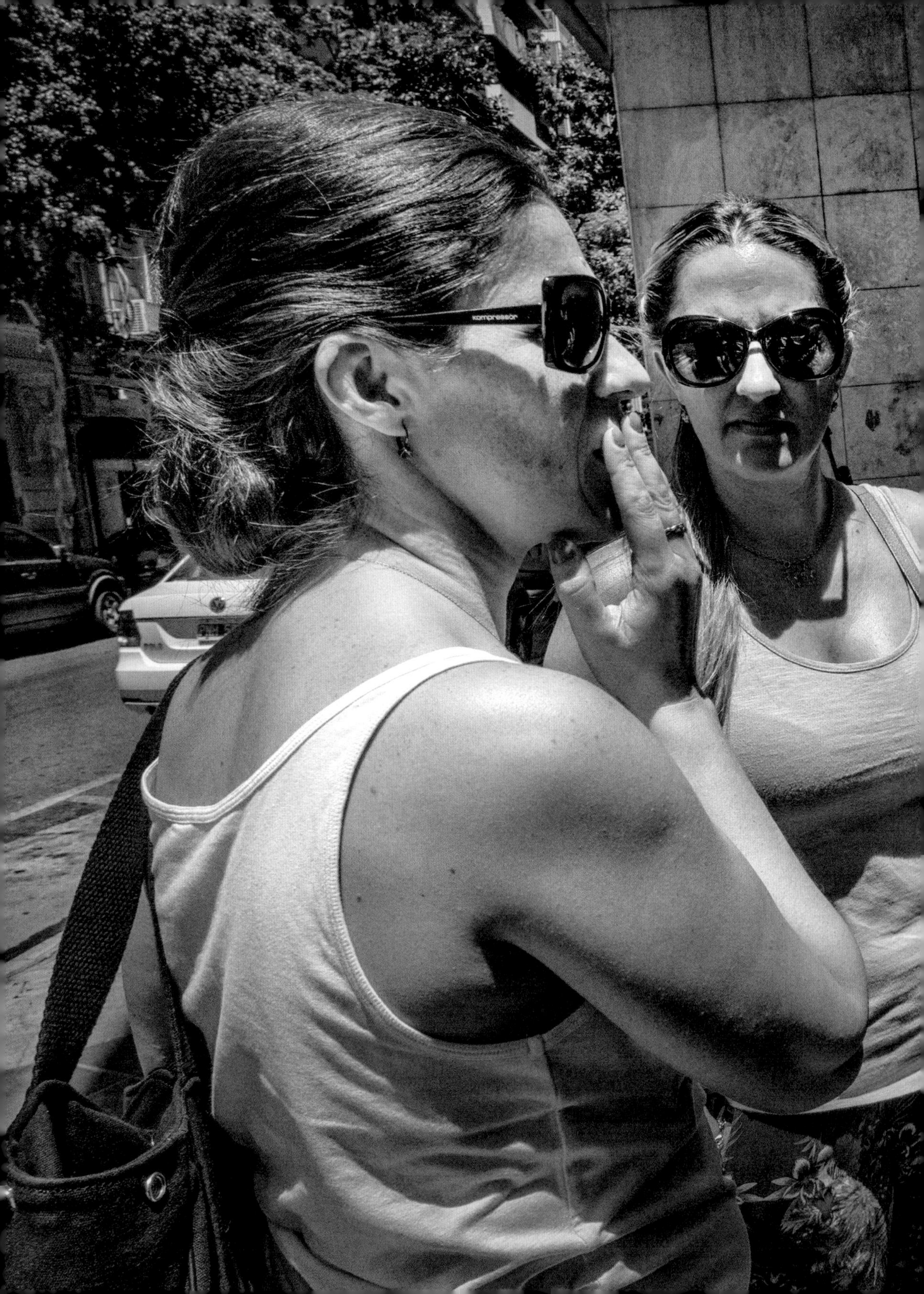

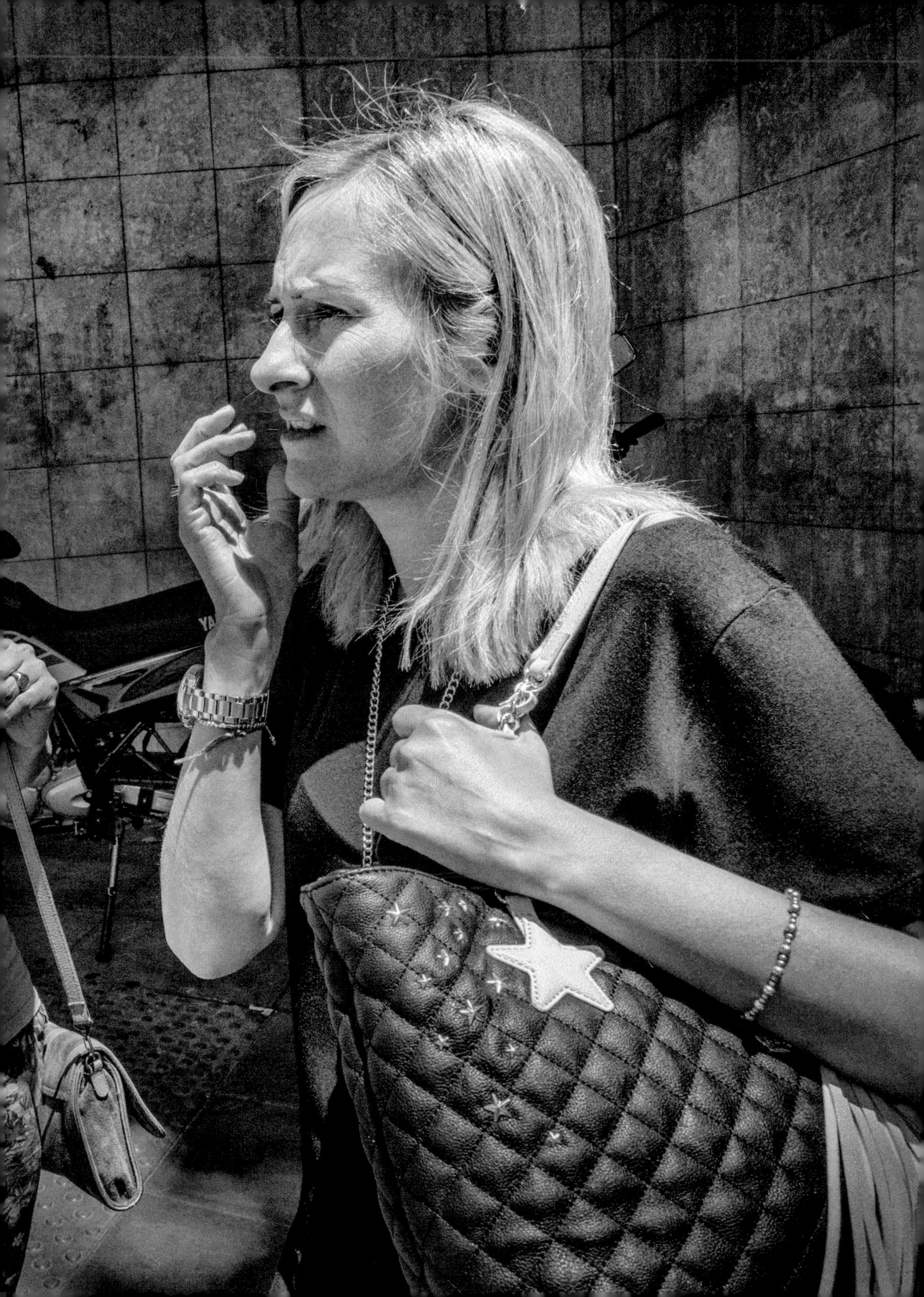

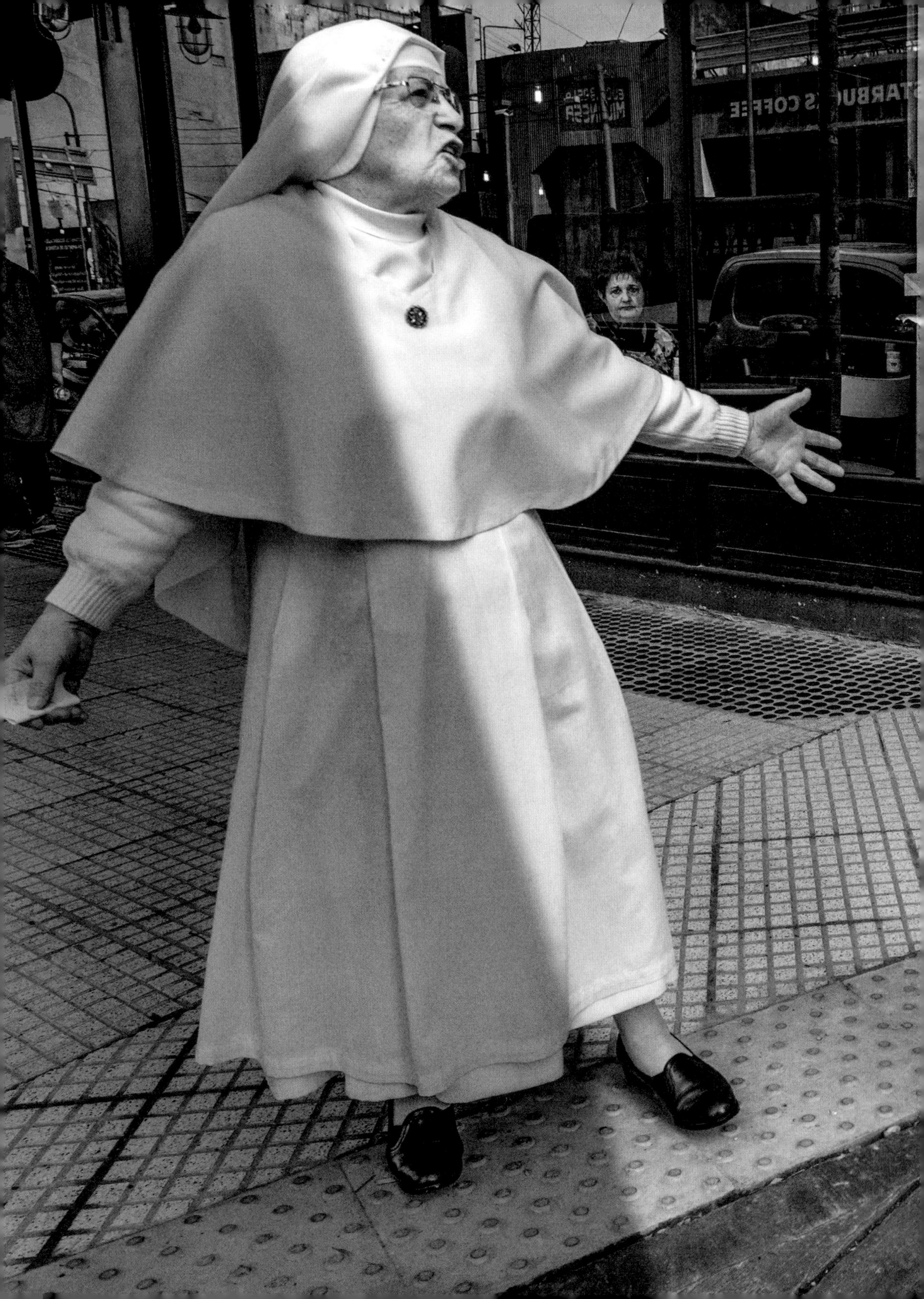

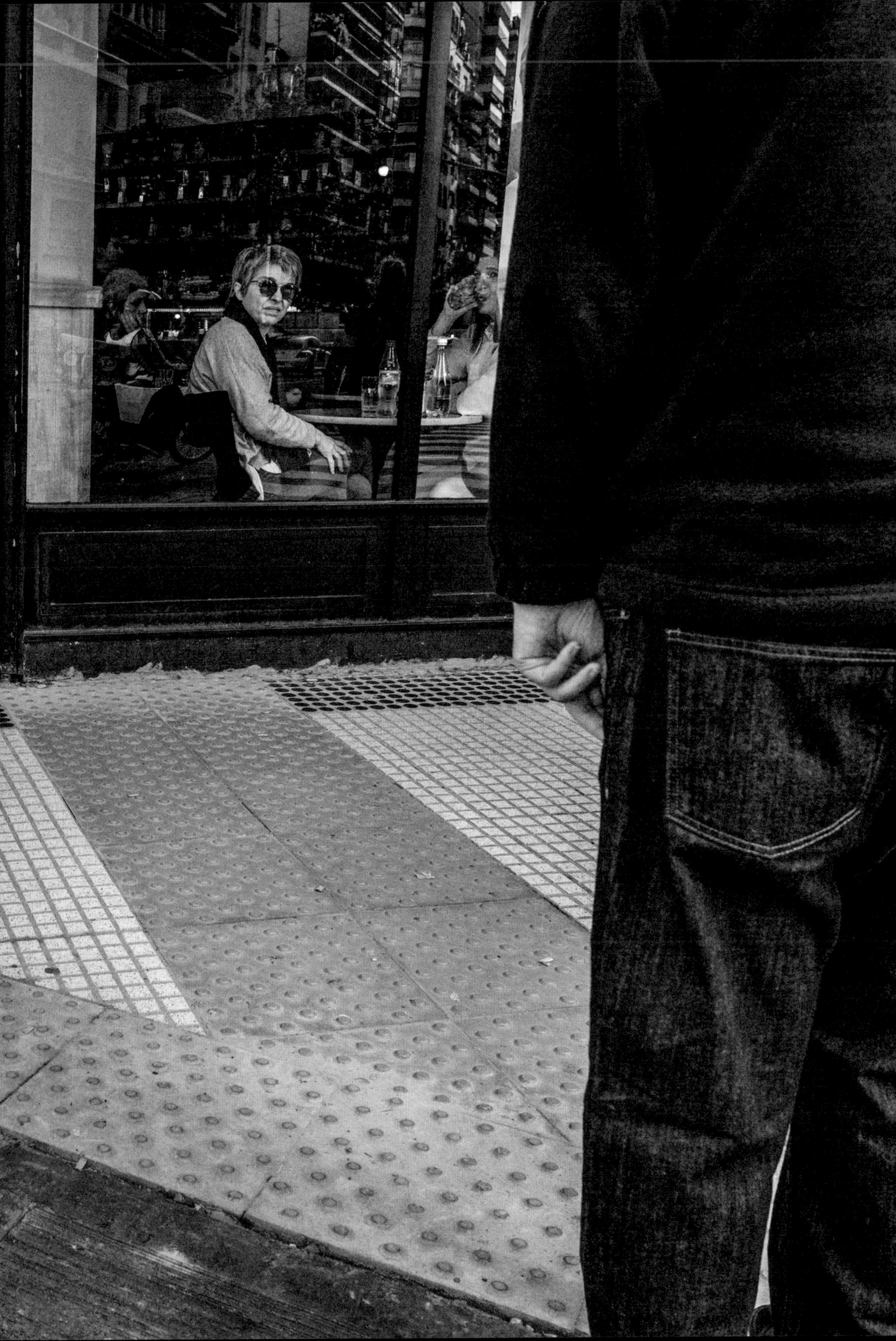

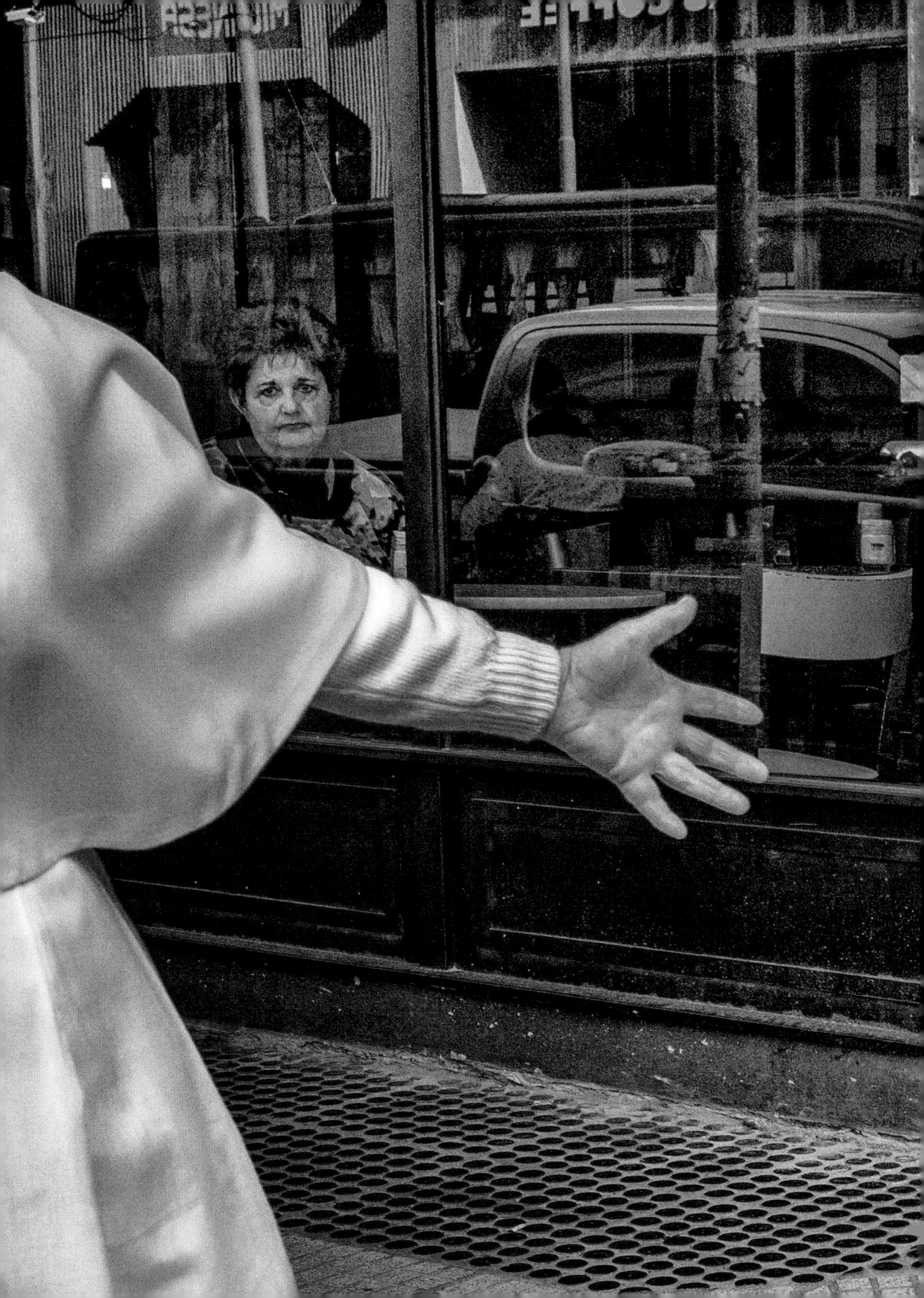

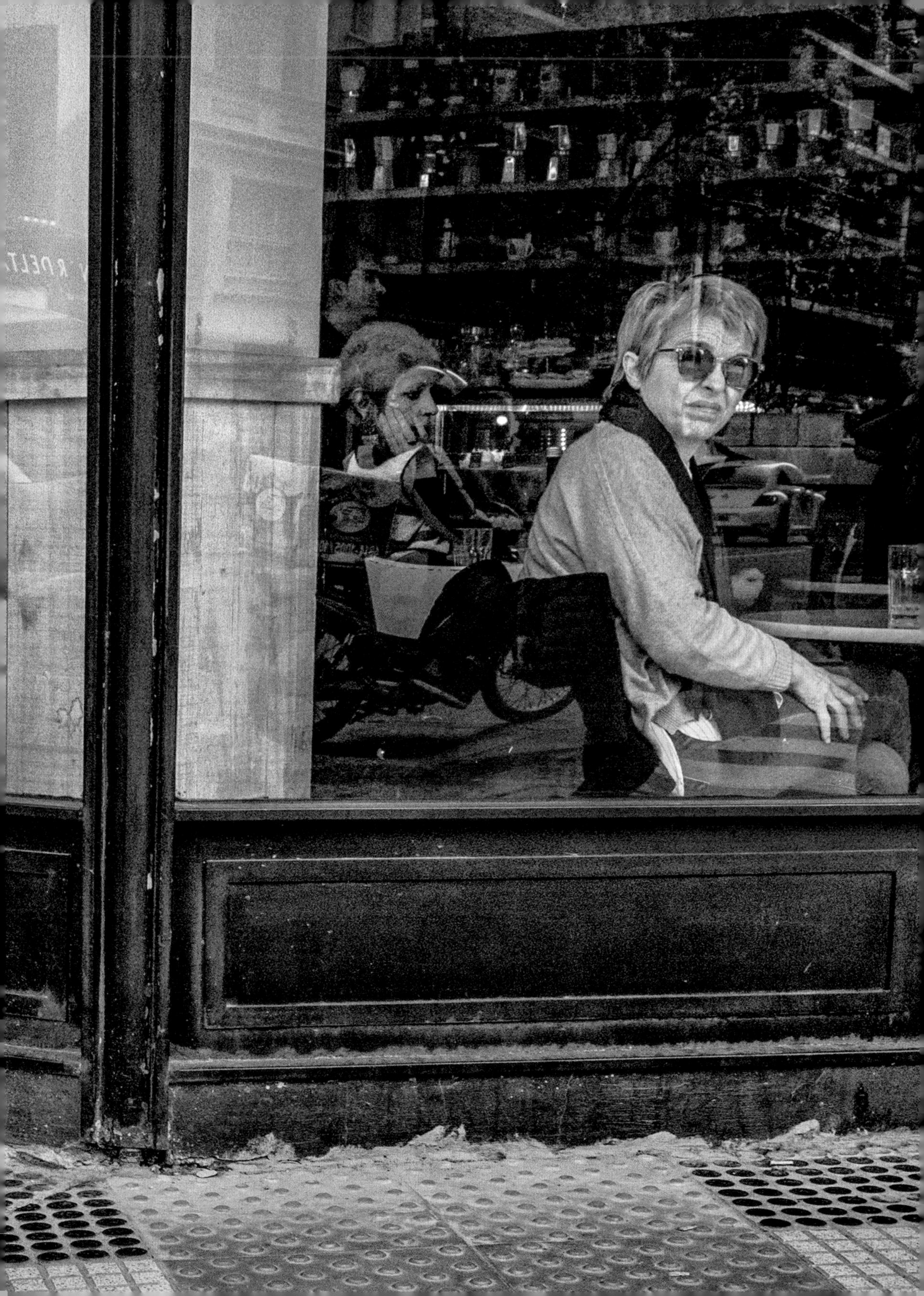

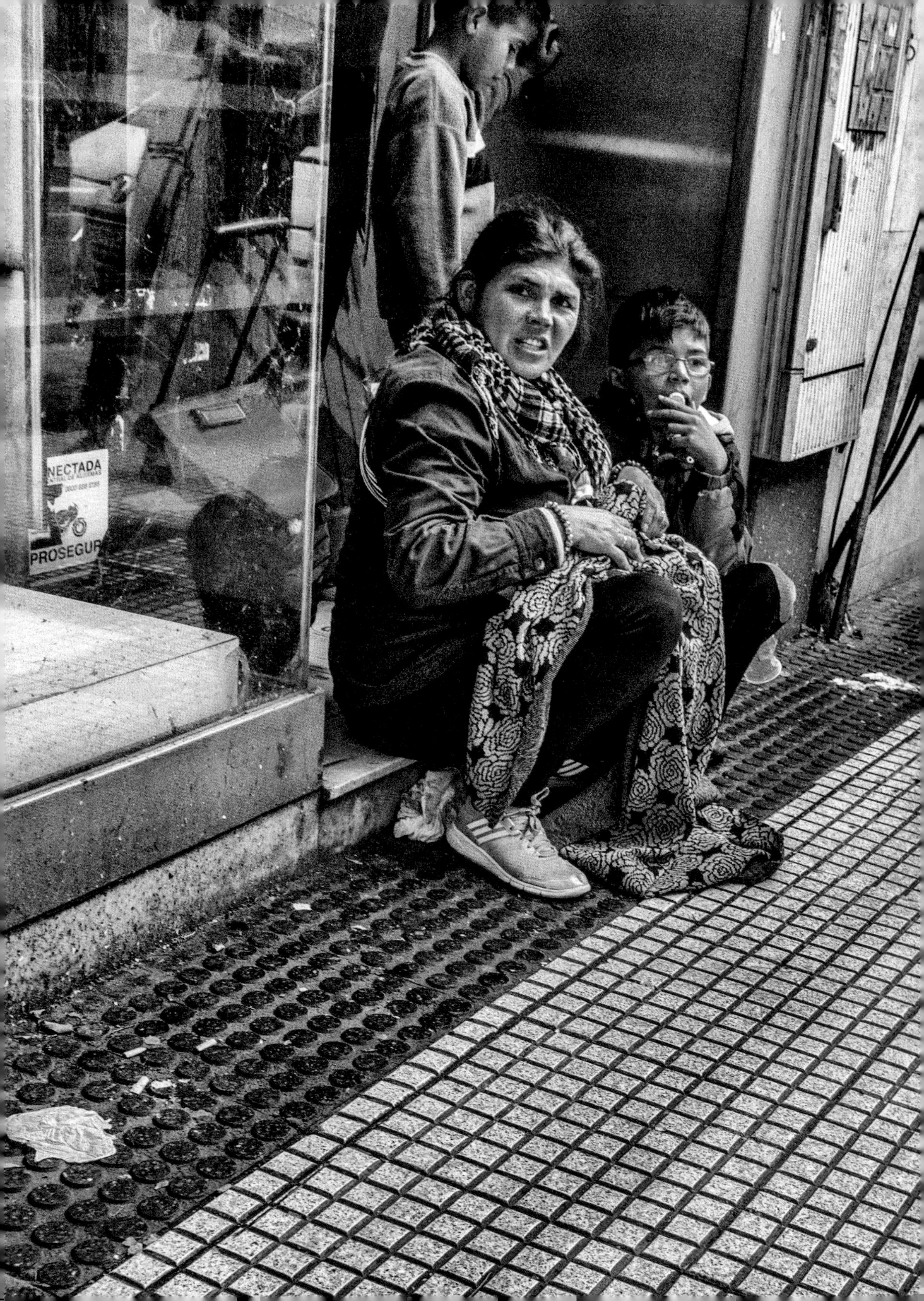
NECTADA
PROSEGUR

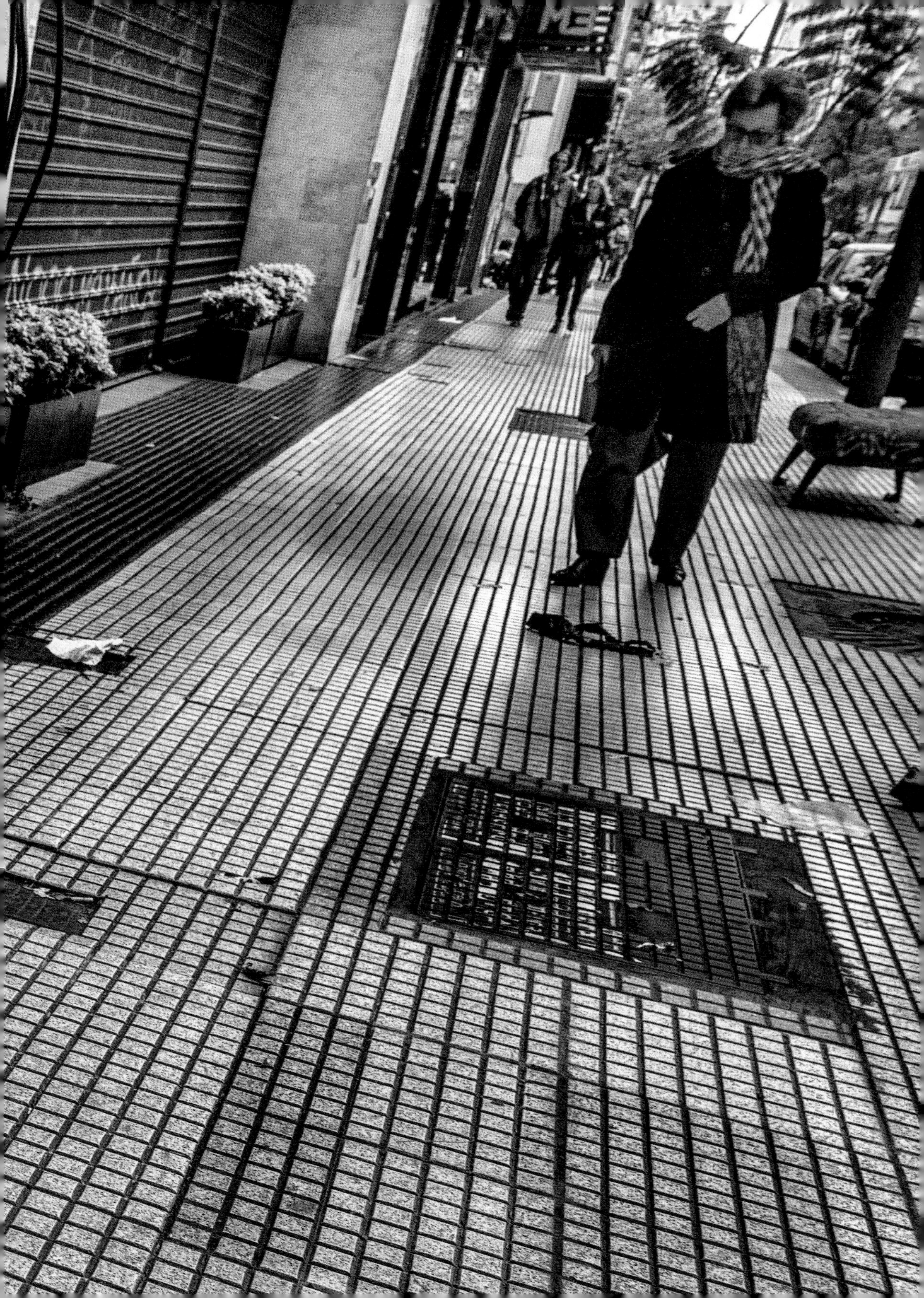

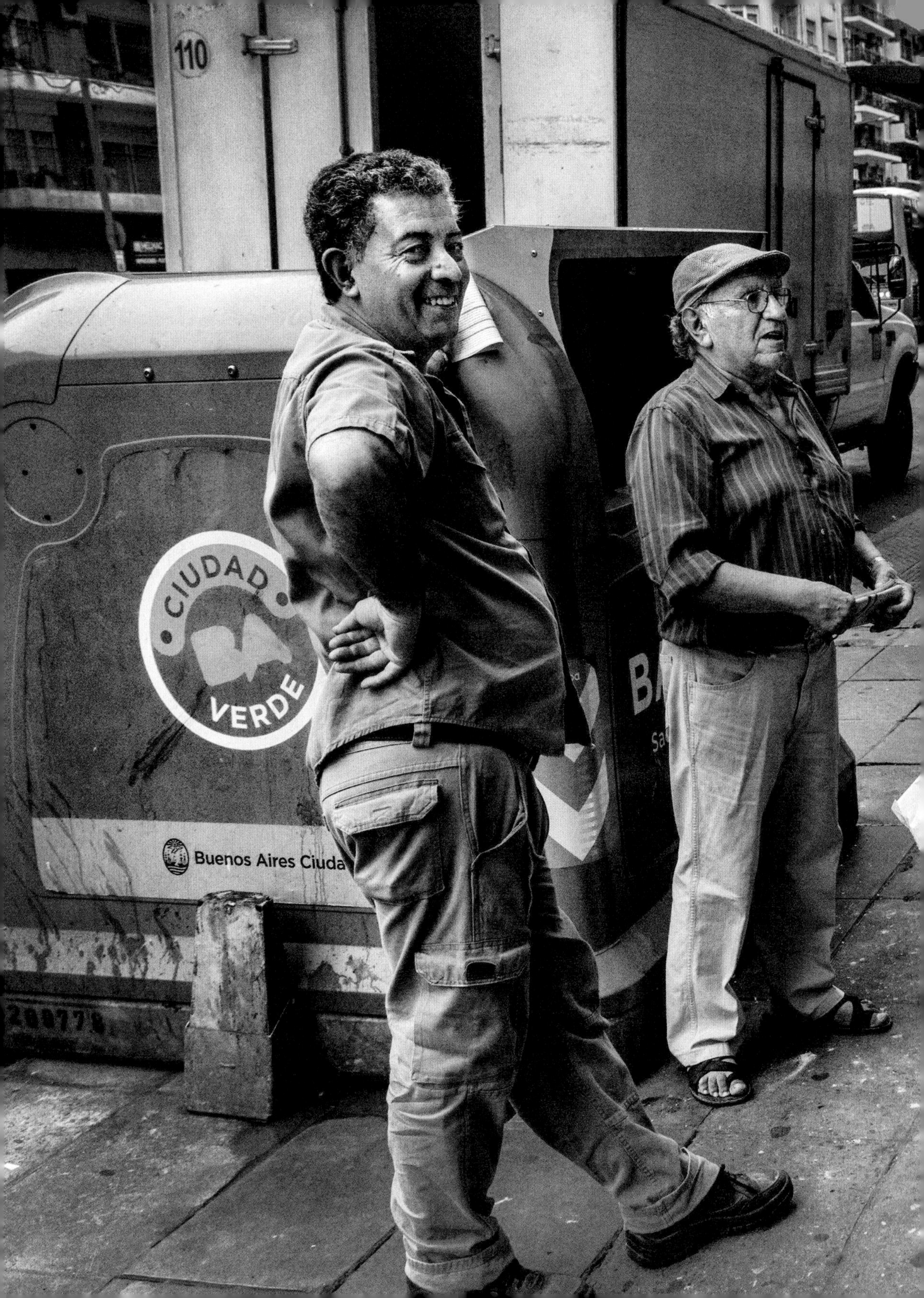

110
CIUDAD
VERDE
Buenos Aires Ciuda

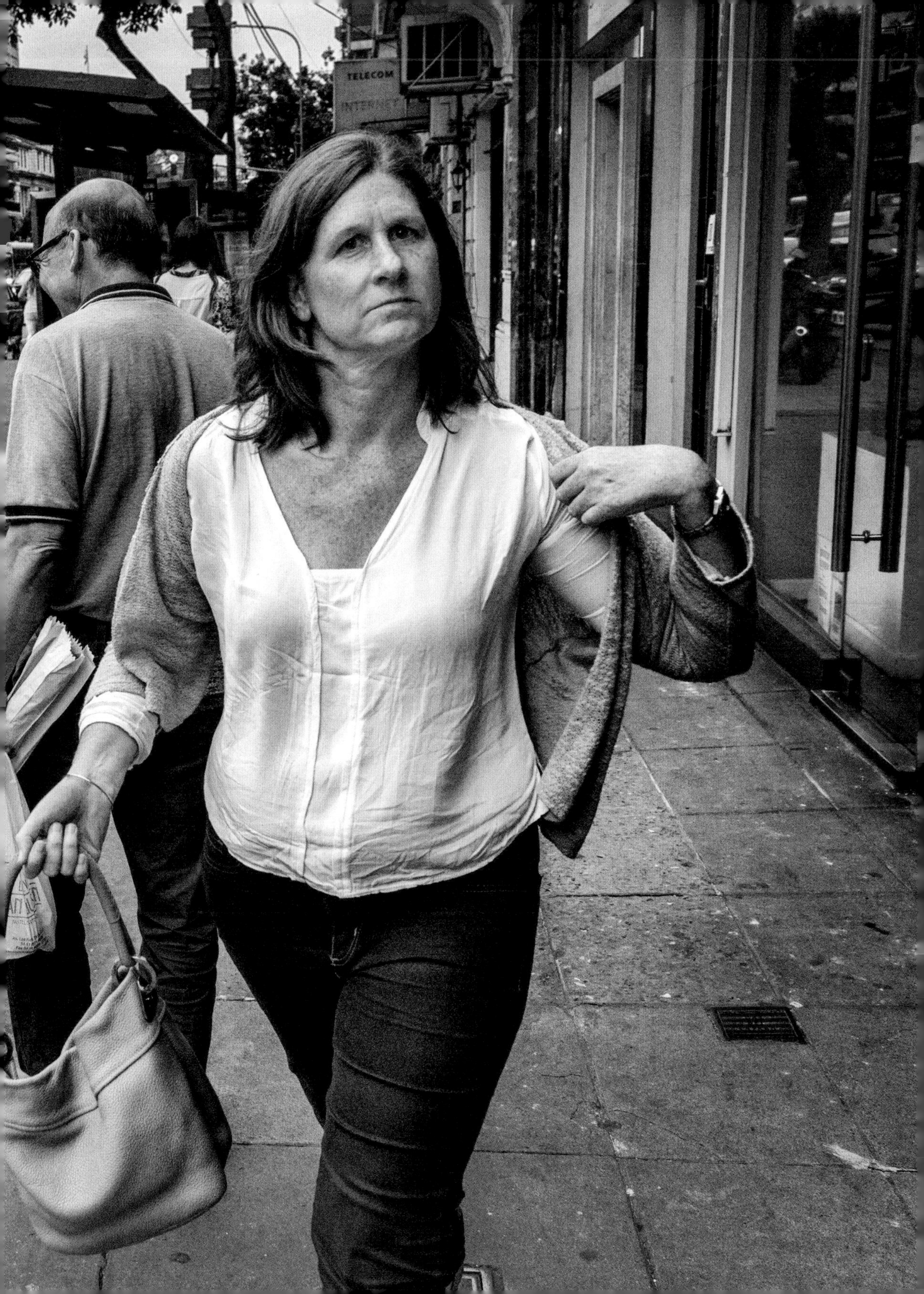

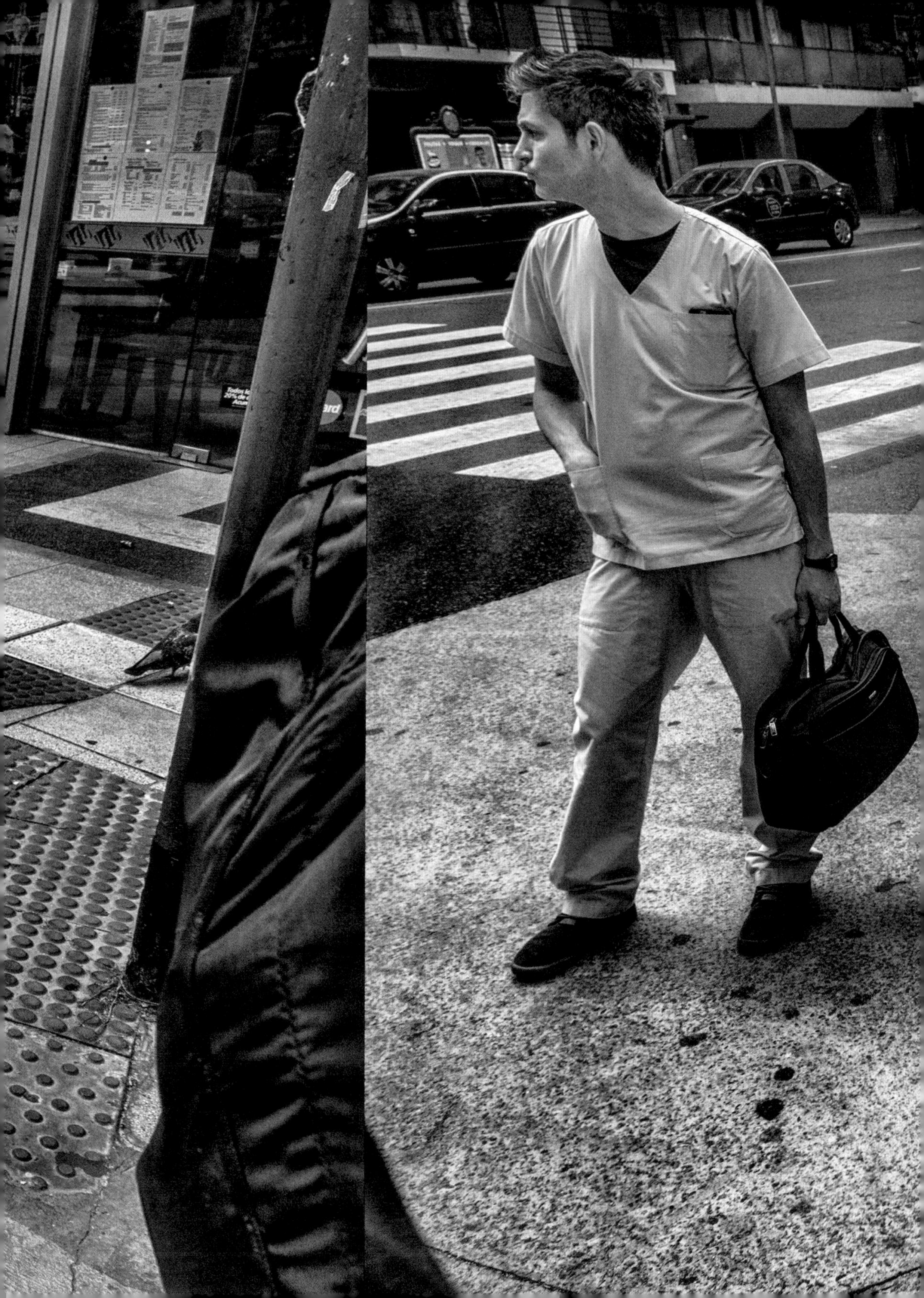

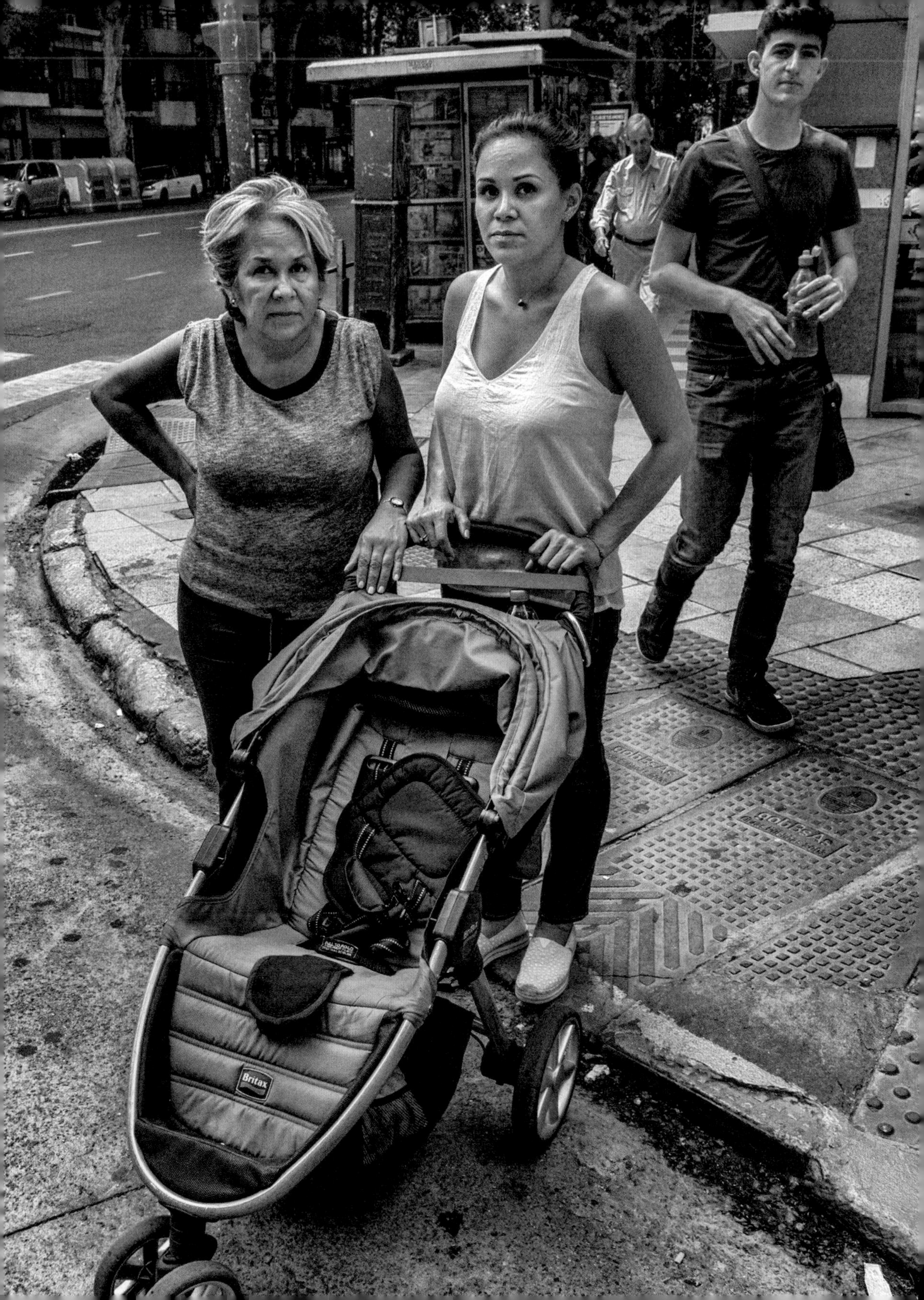

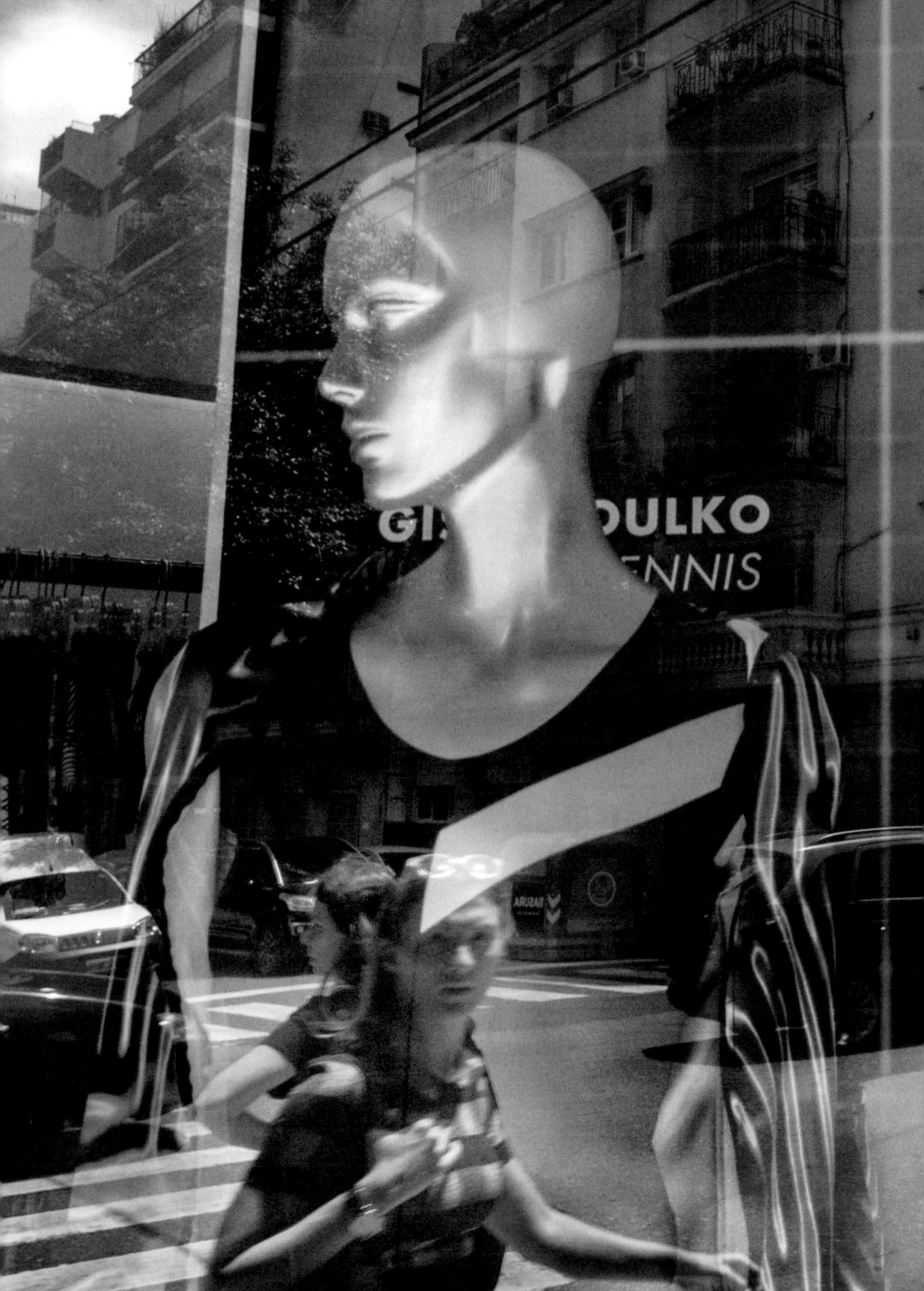
GI   DULKO
ENNIS

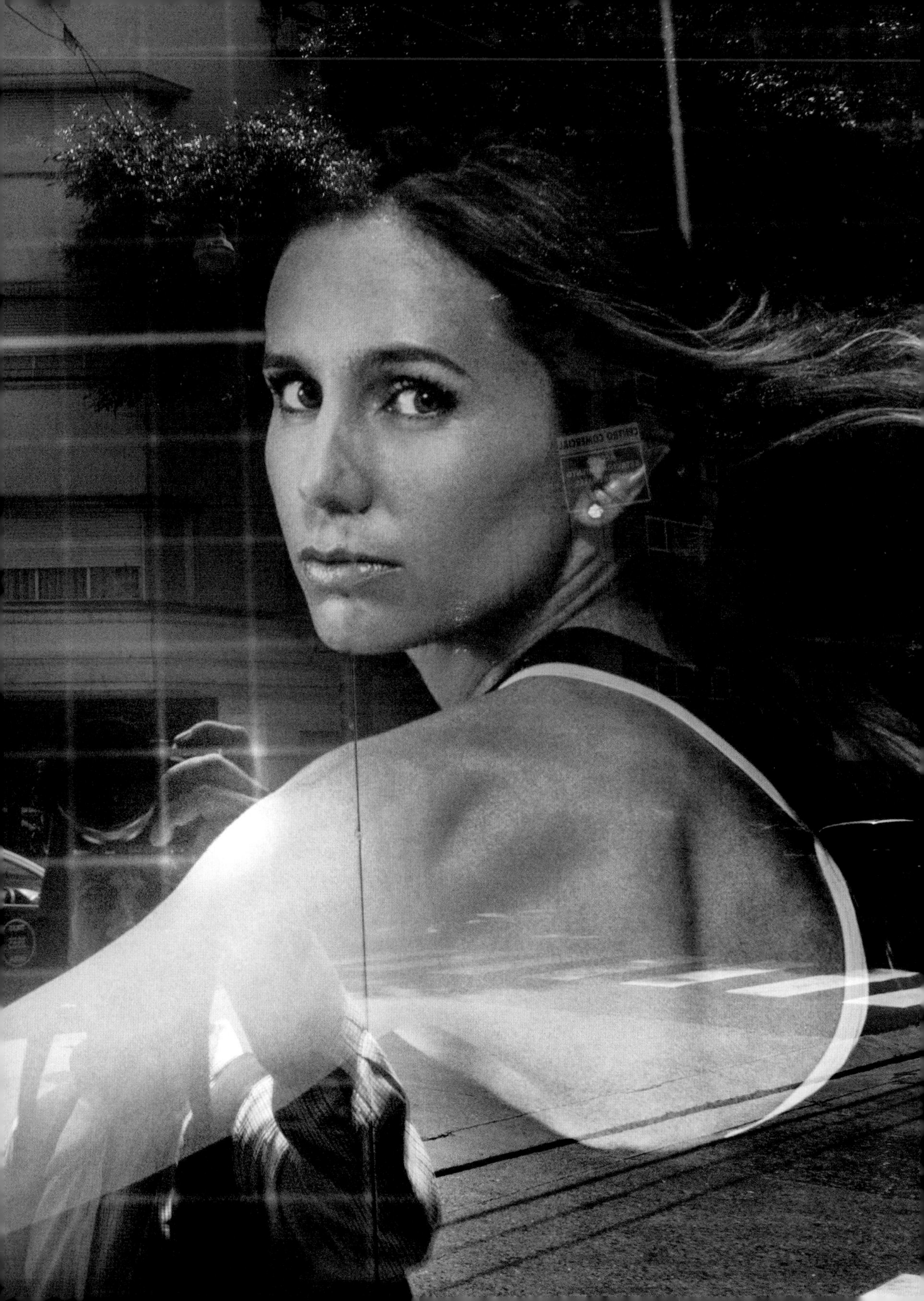

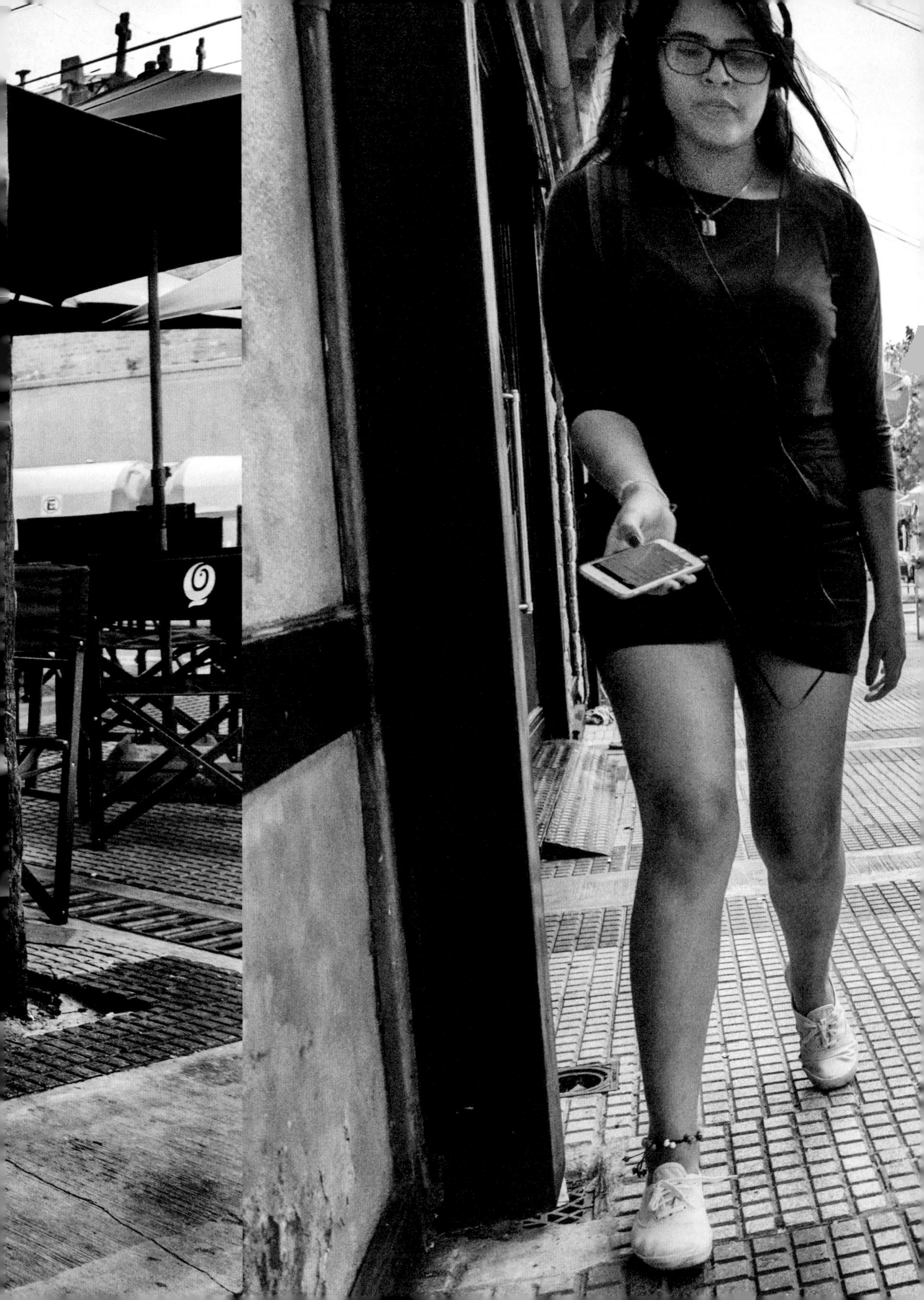

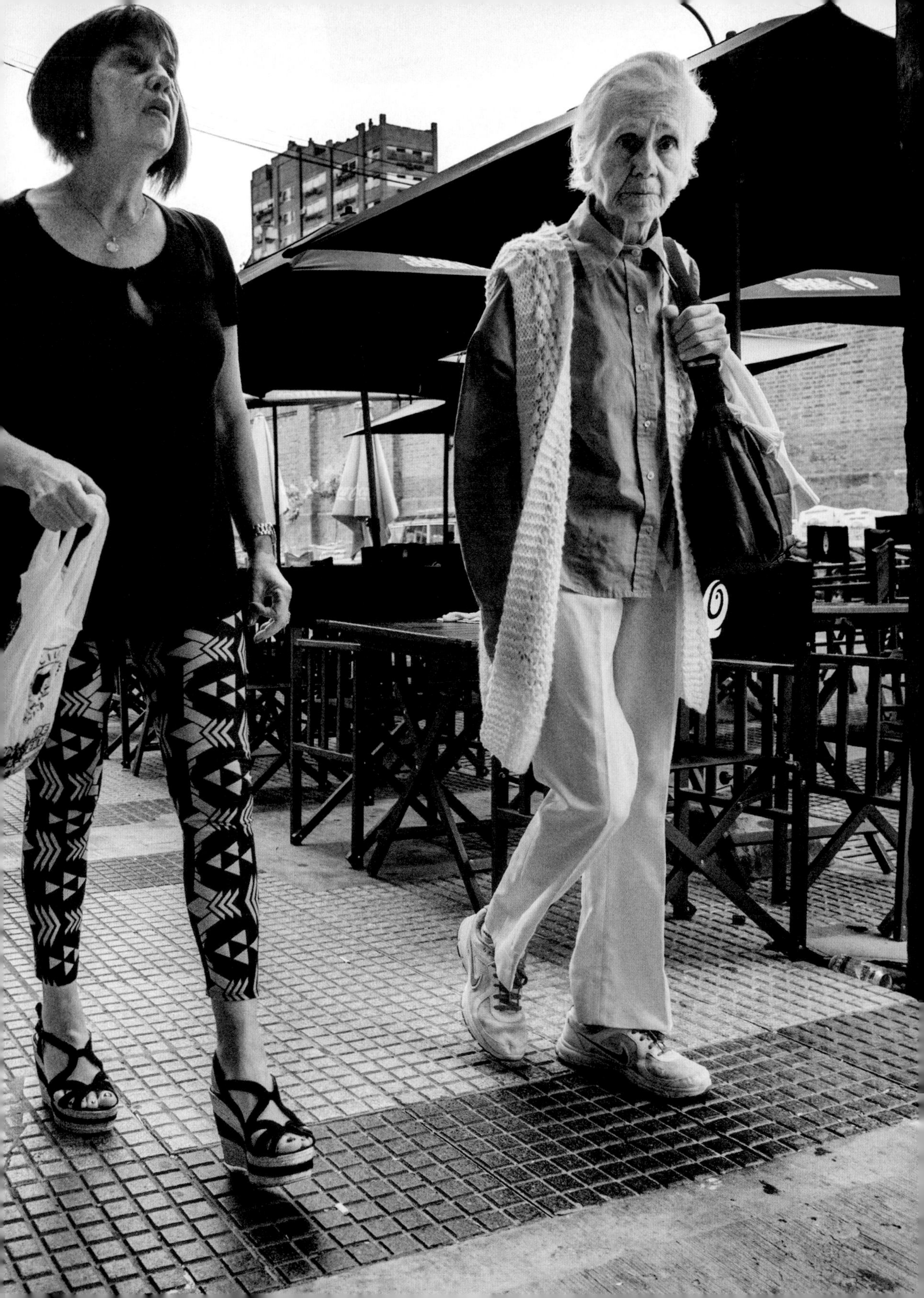

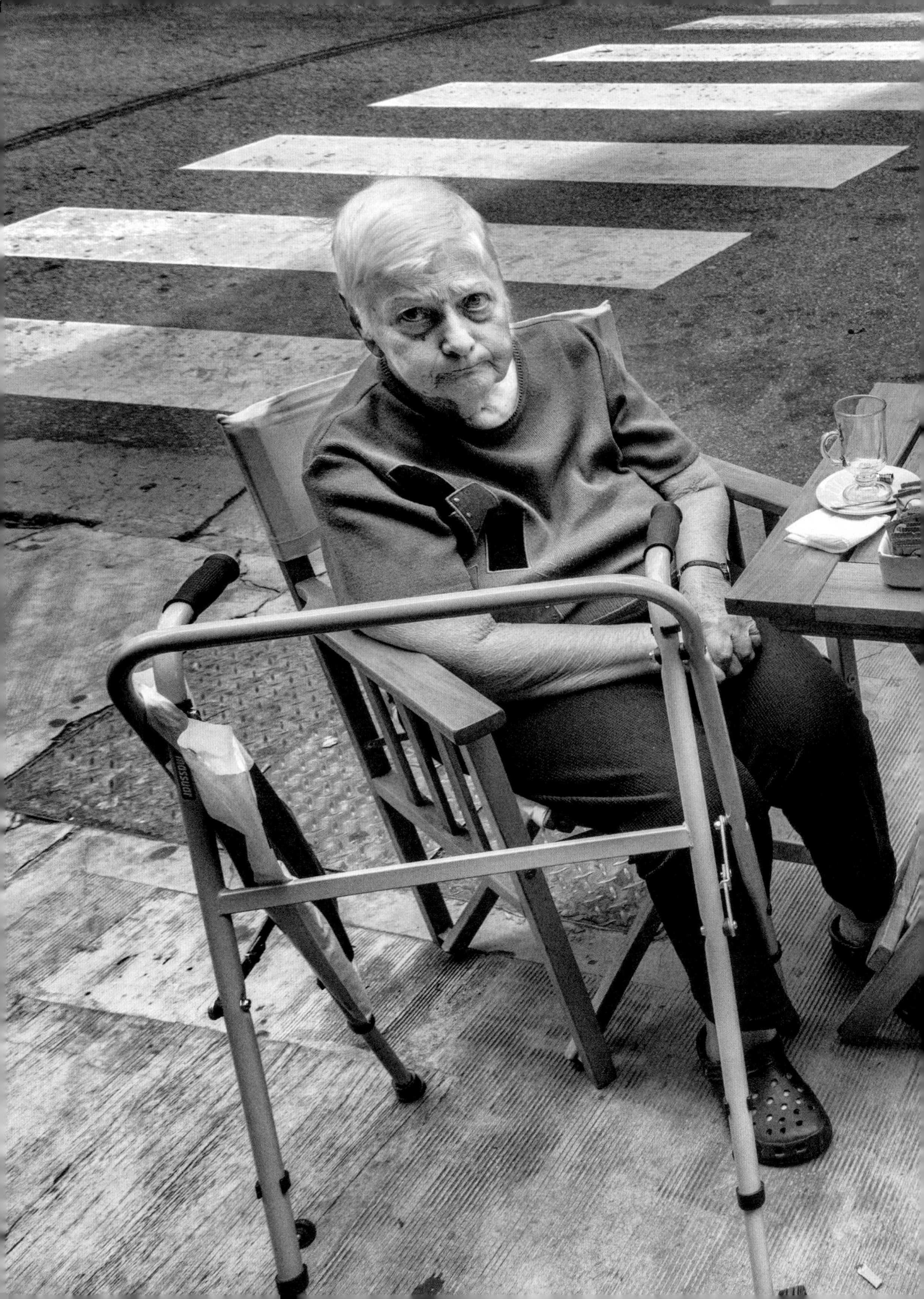

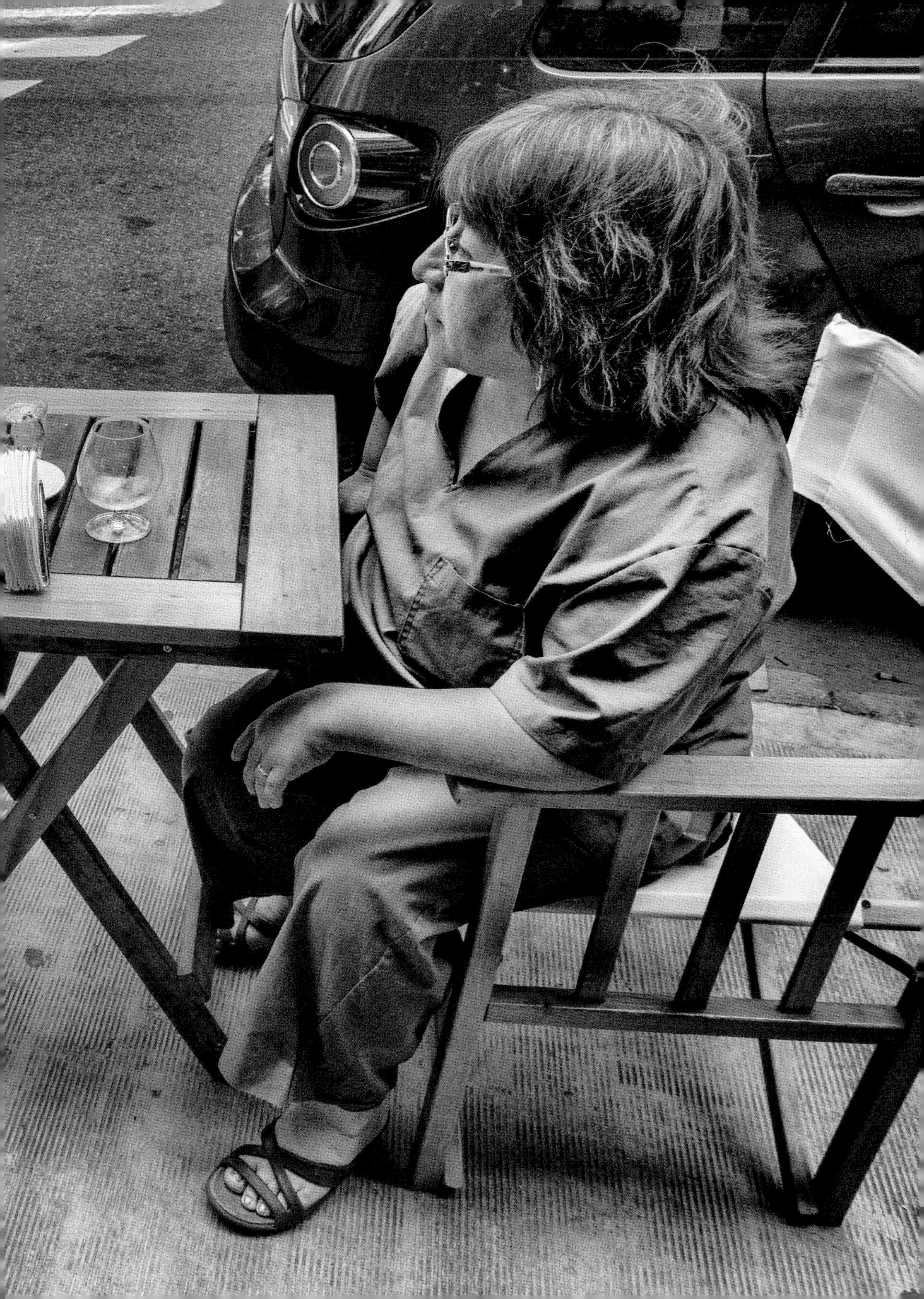

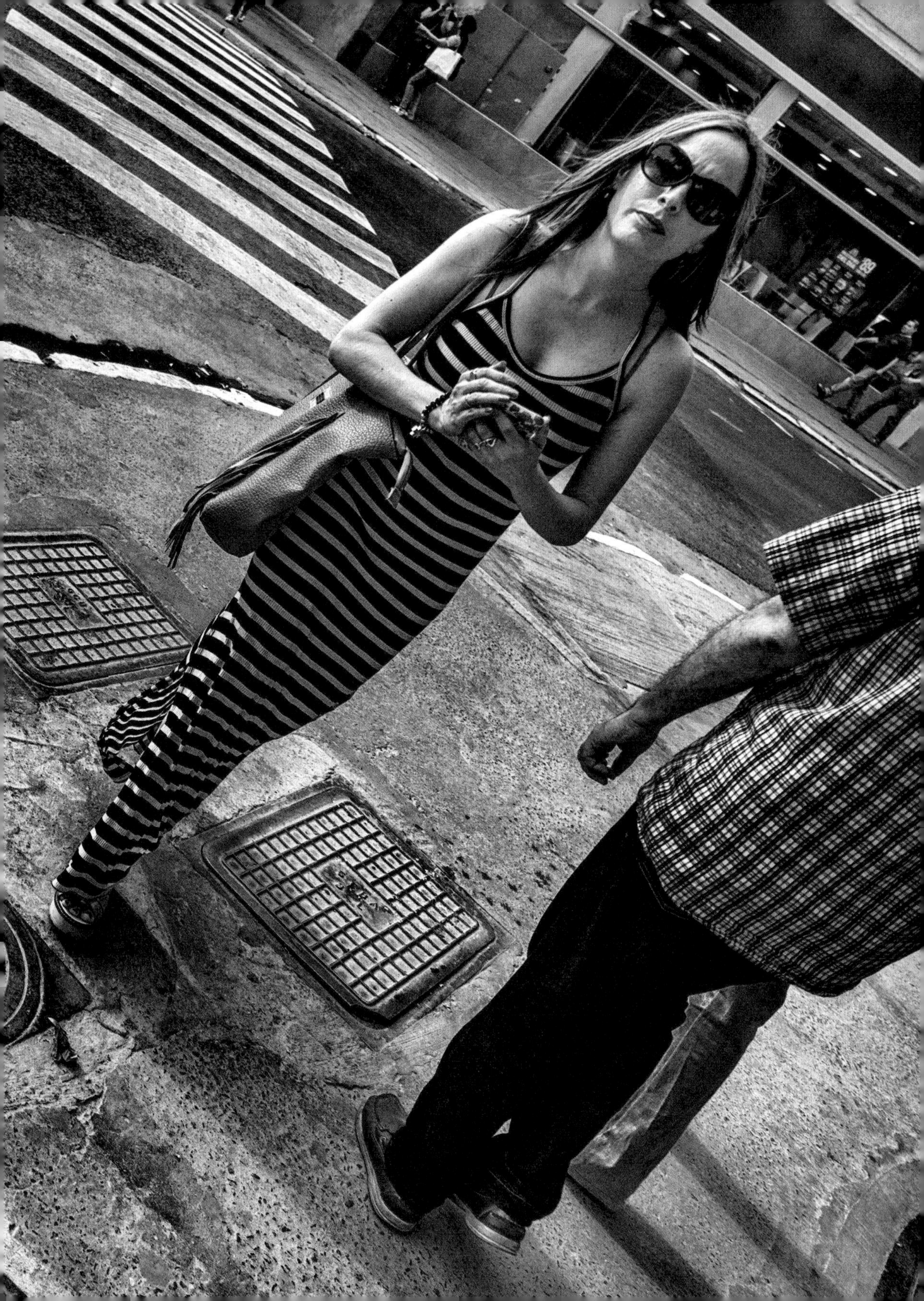

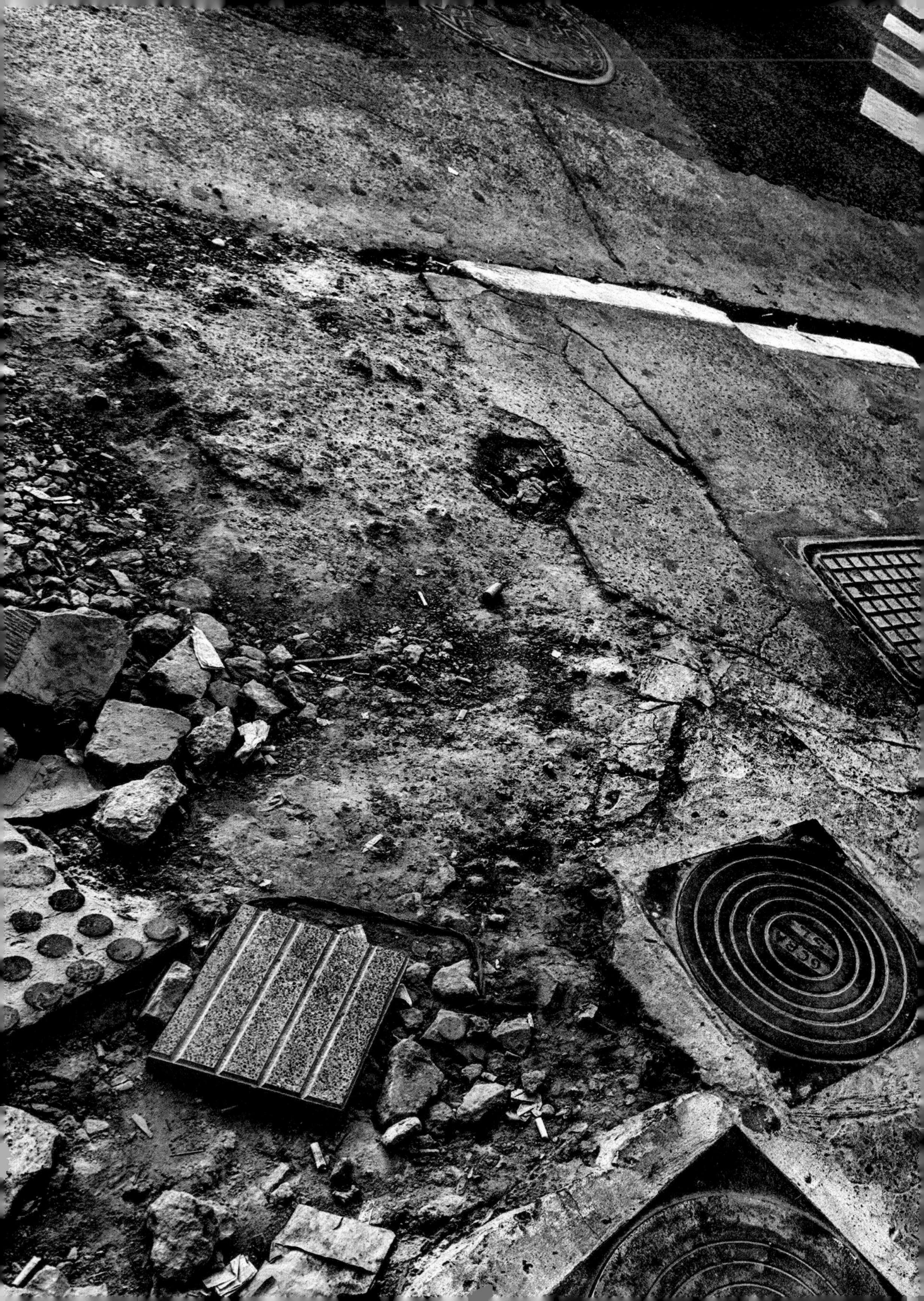

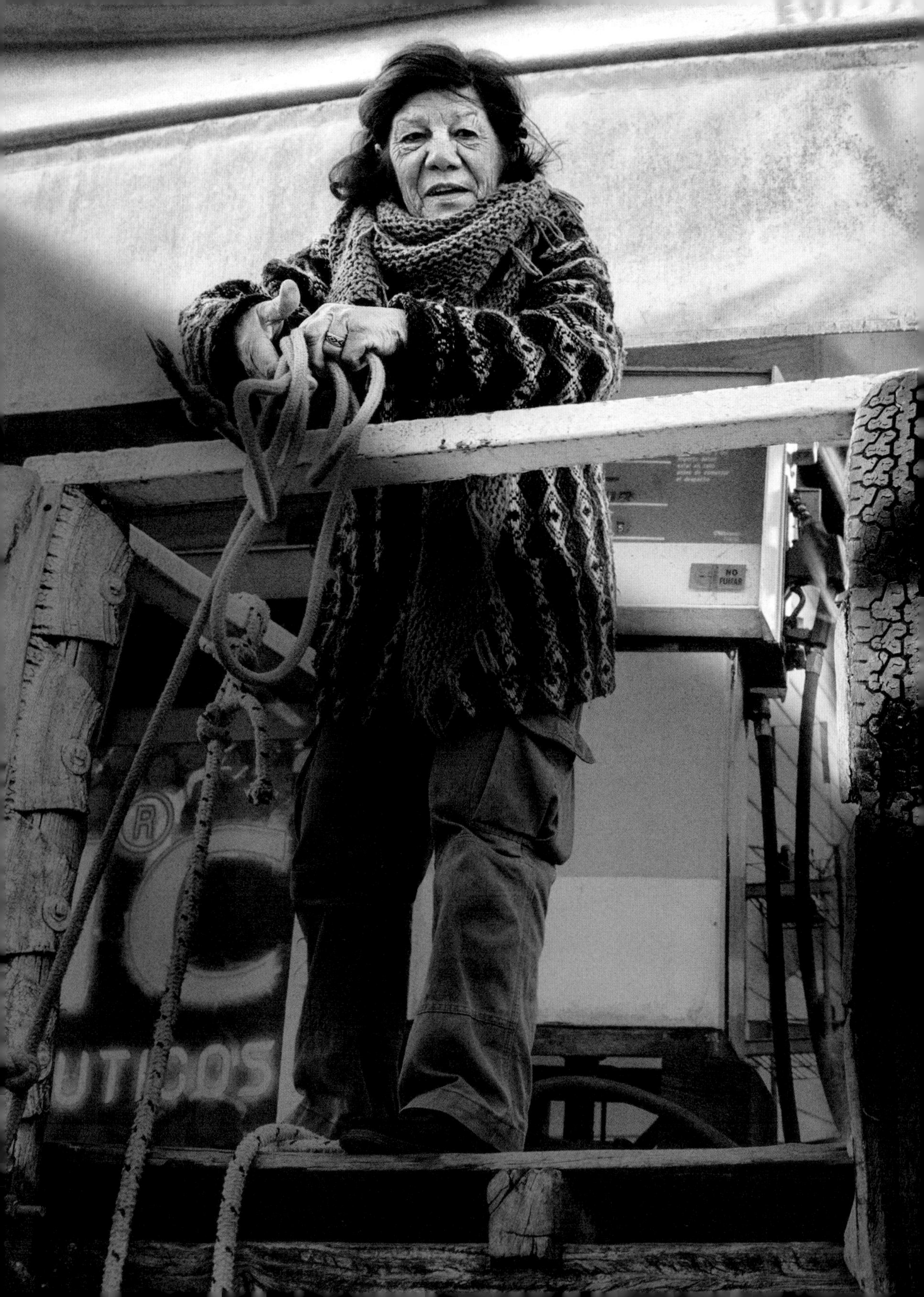

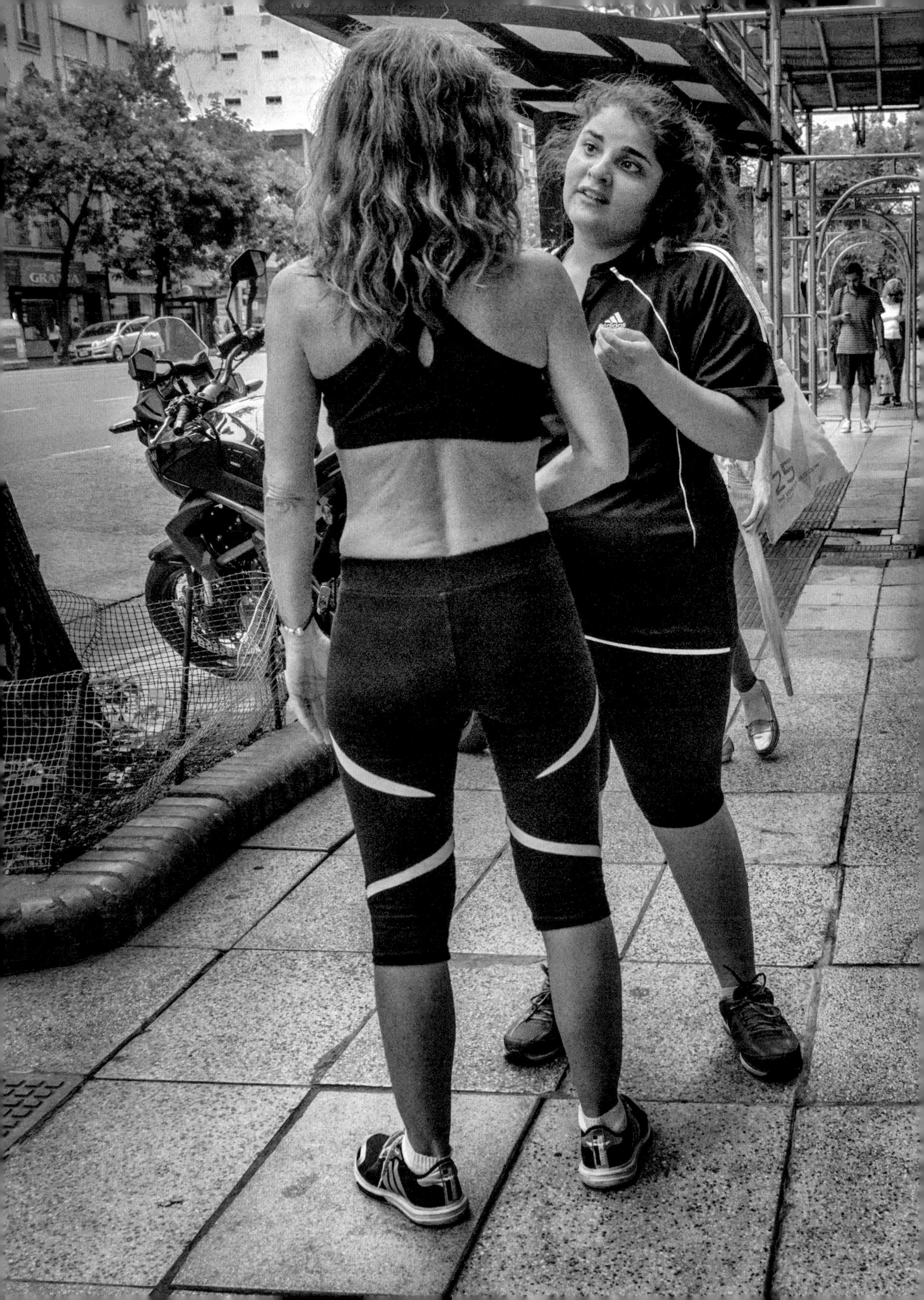

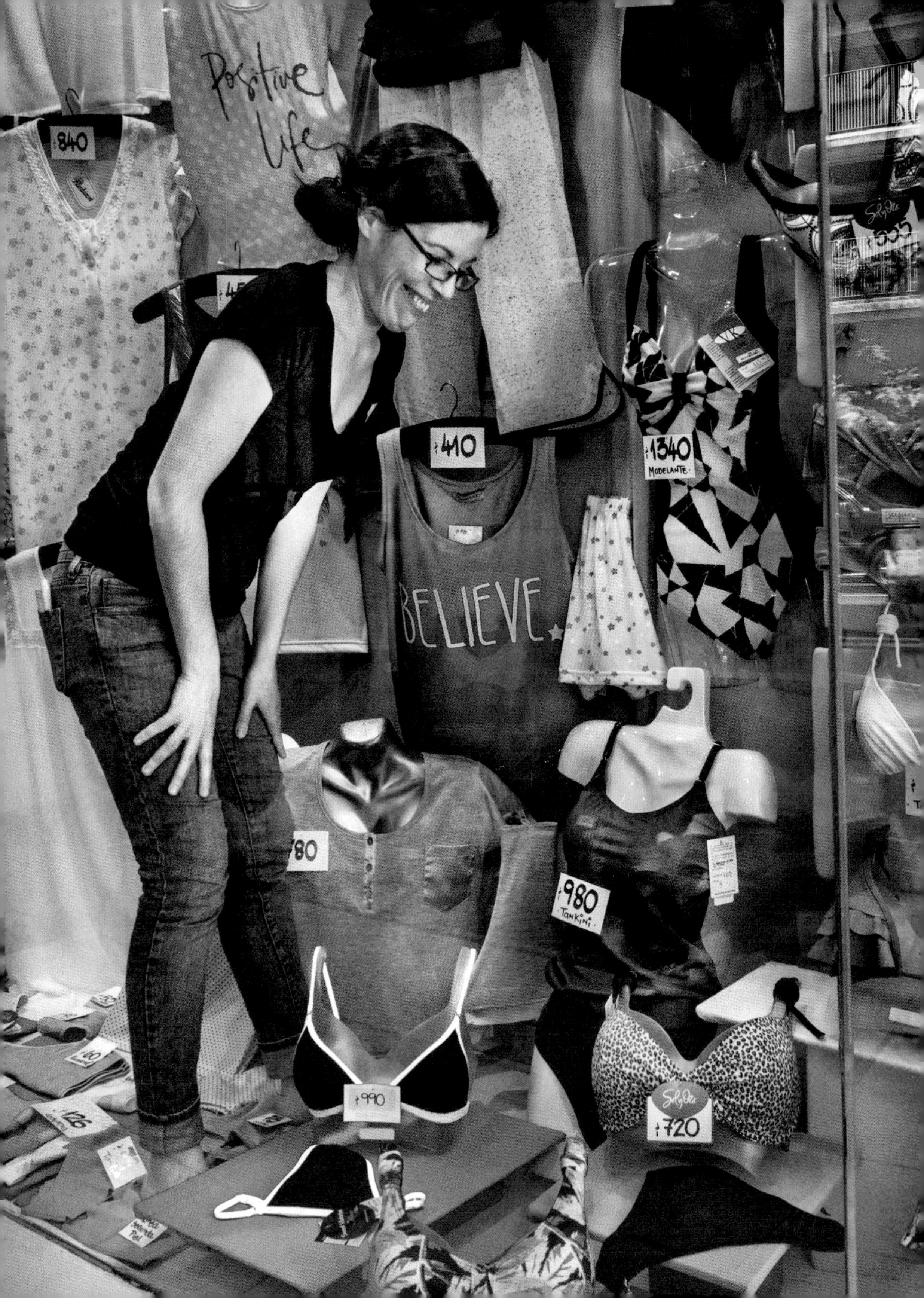

Positive
Life
$840
$410
$1340
MODELANTE
BELIEVE
$980
$980
Tankini
$990
$720
$126

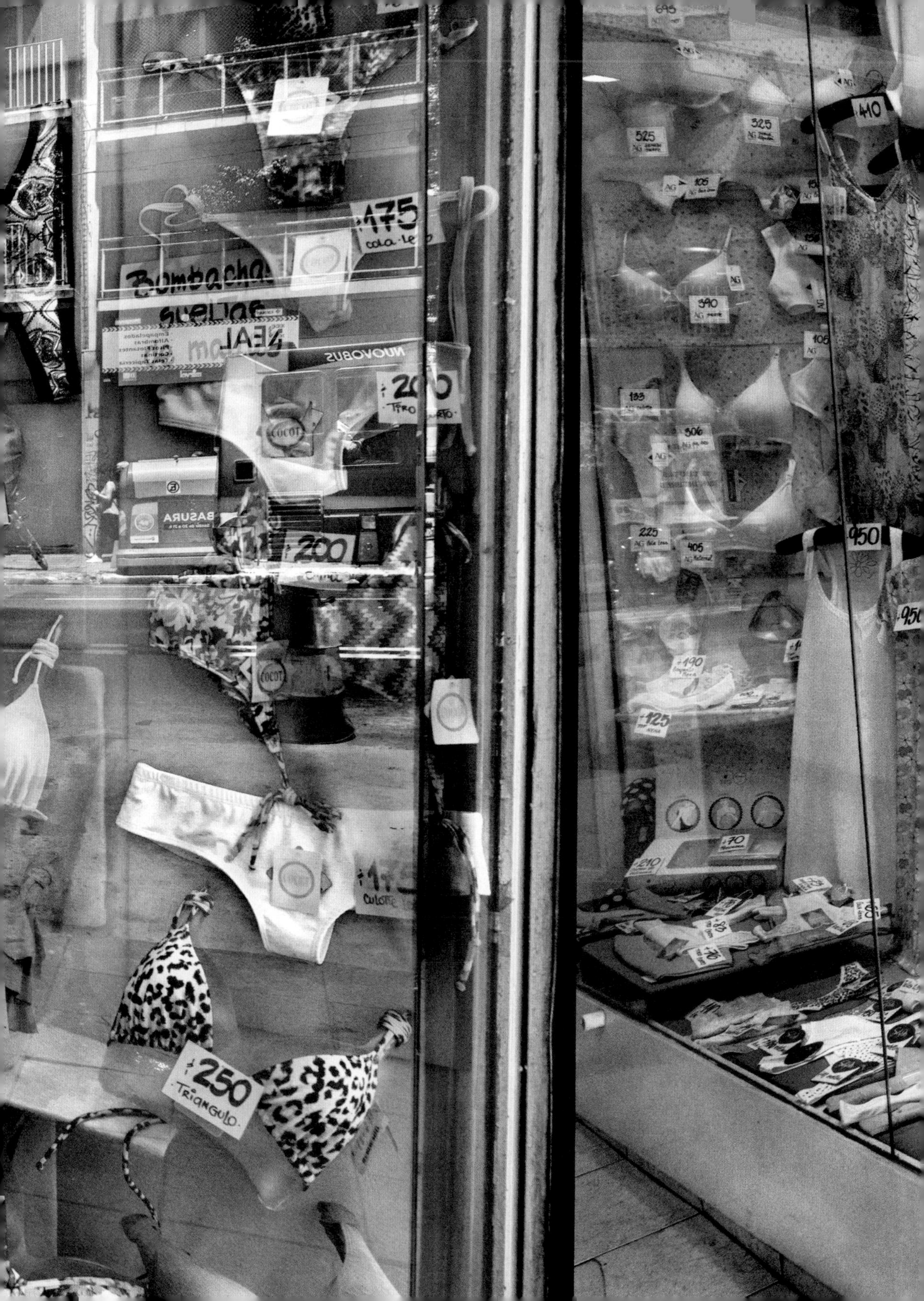

Bombacha
suelas
175 cola-less
NUOVOBUS
200 T.FRO
BASURA
200
COCOT
175 culote
250 Triangulo
525
325
410
105
390
133
306
225
405
950
190
125
70
695

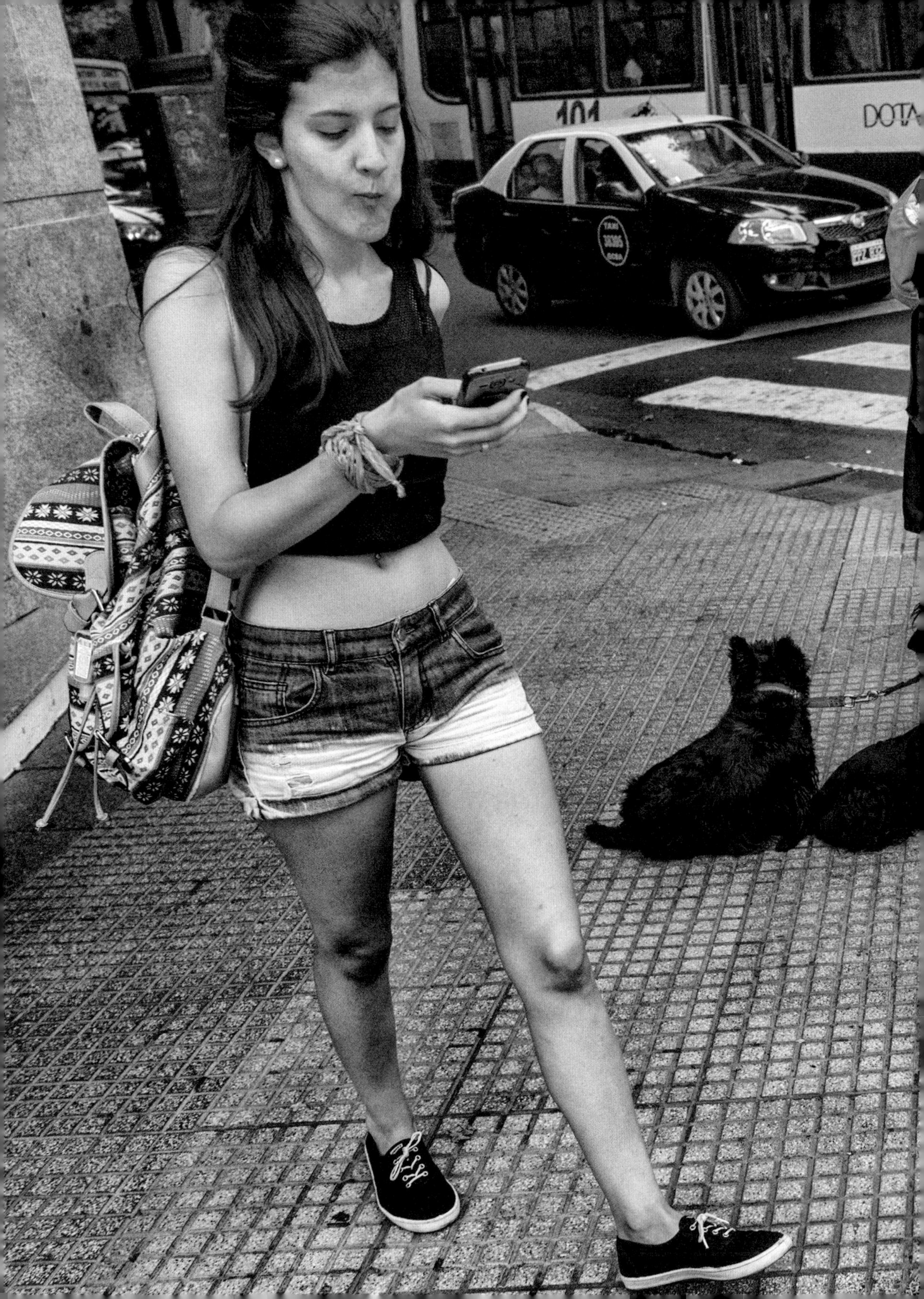

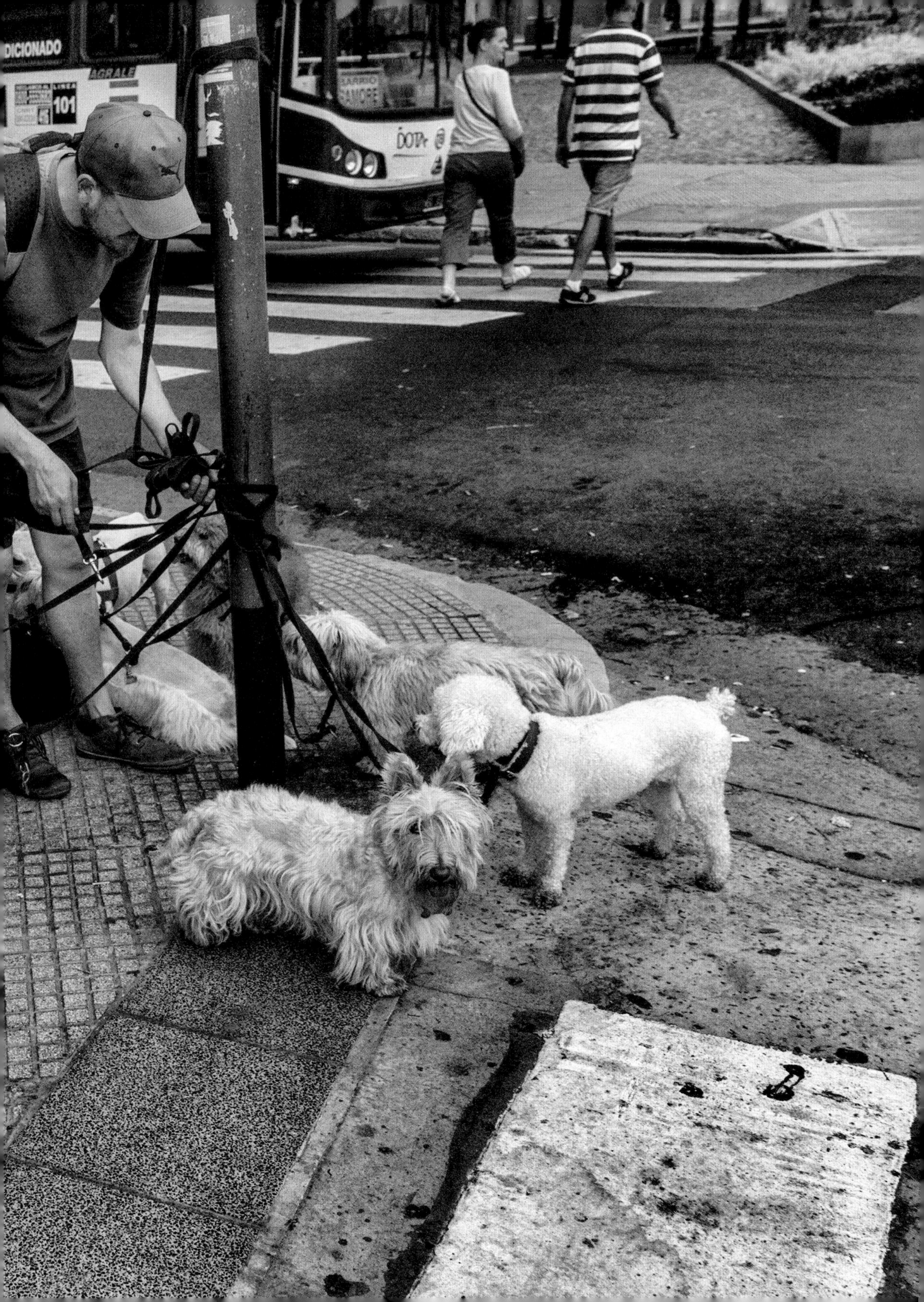
DICIONADO
AGRALE
LINEA
101
BARRIO
DOTA

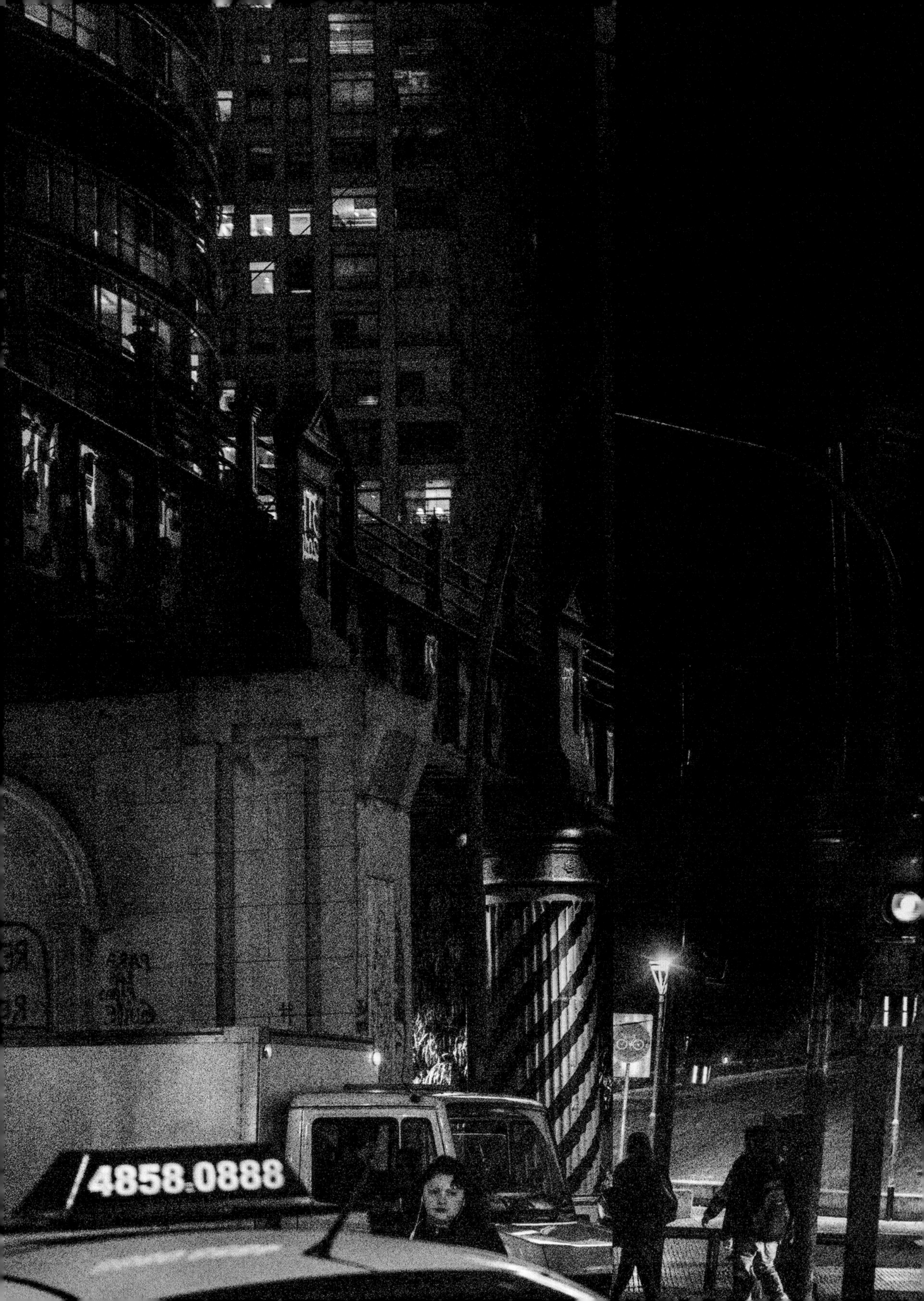

/4858 0888

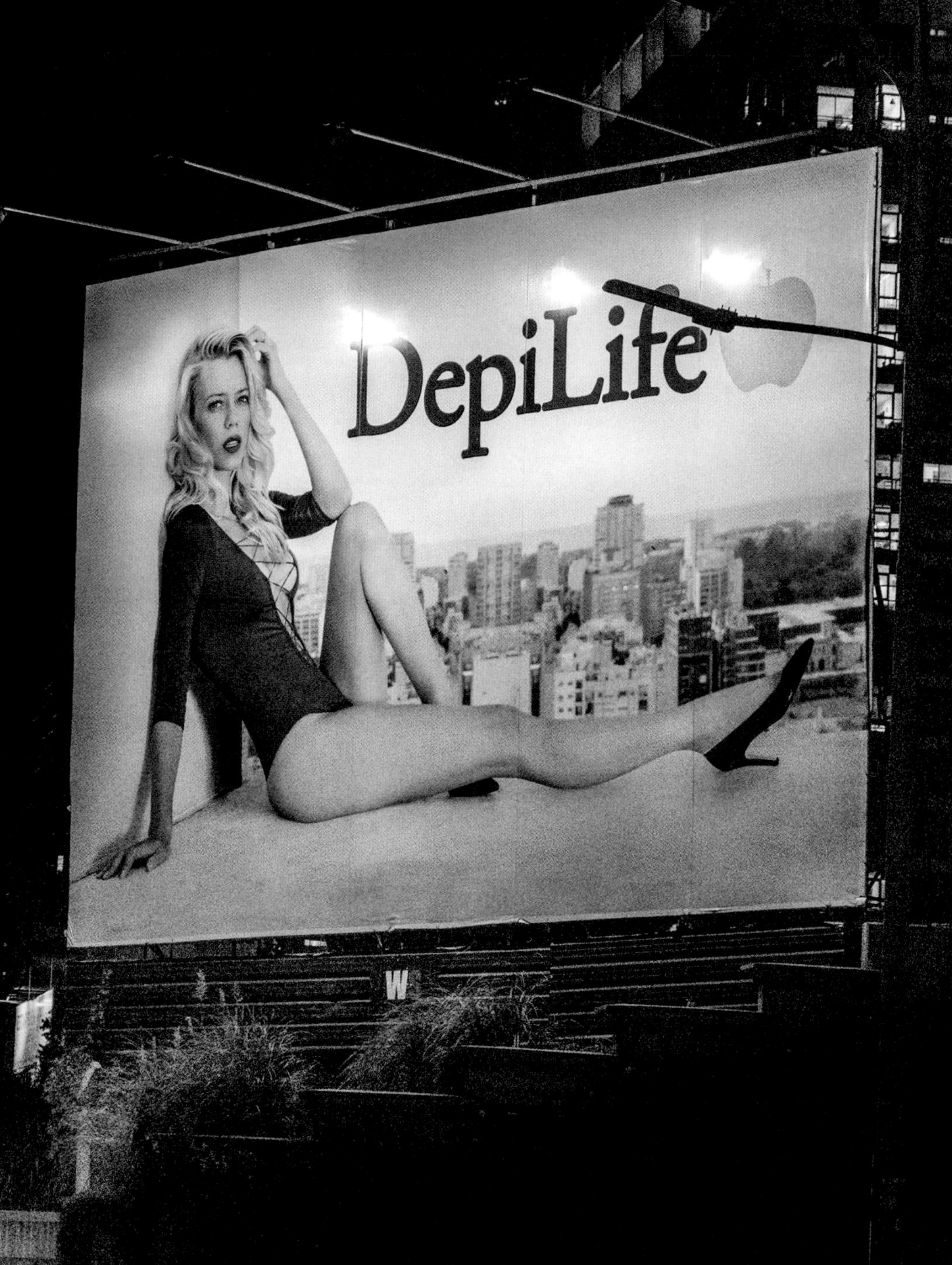

DepiLife

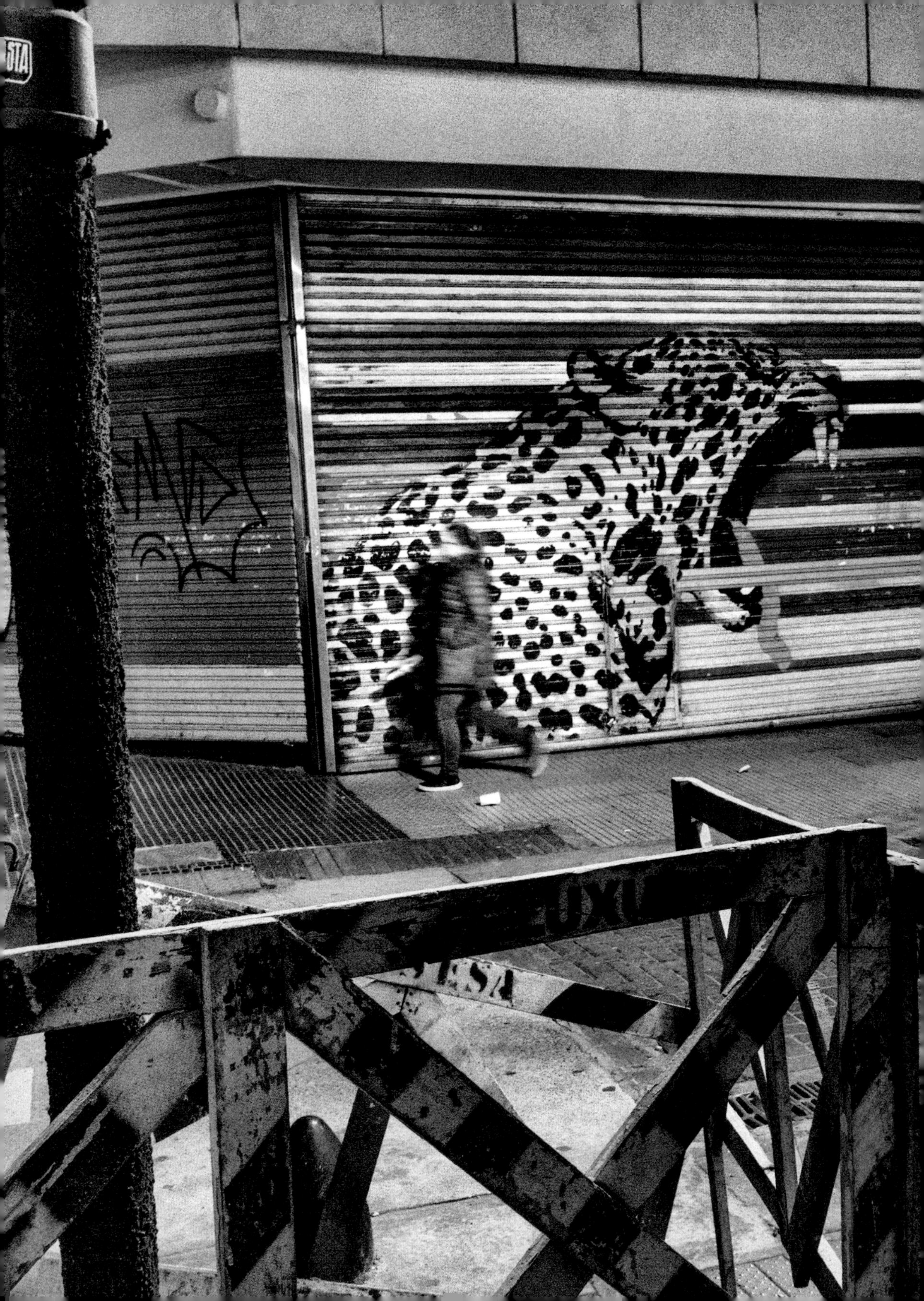

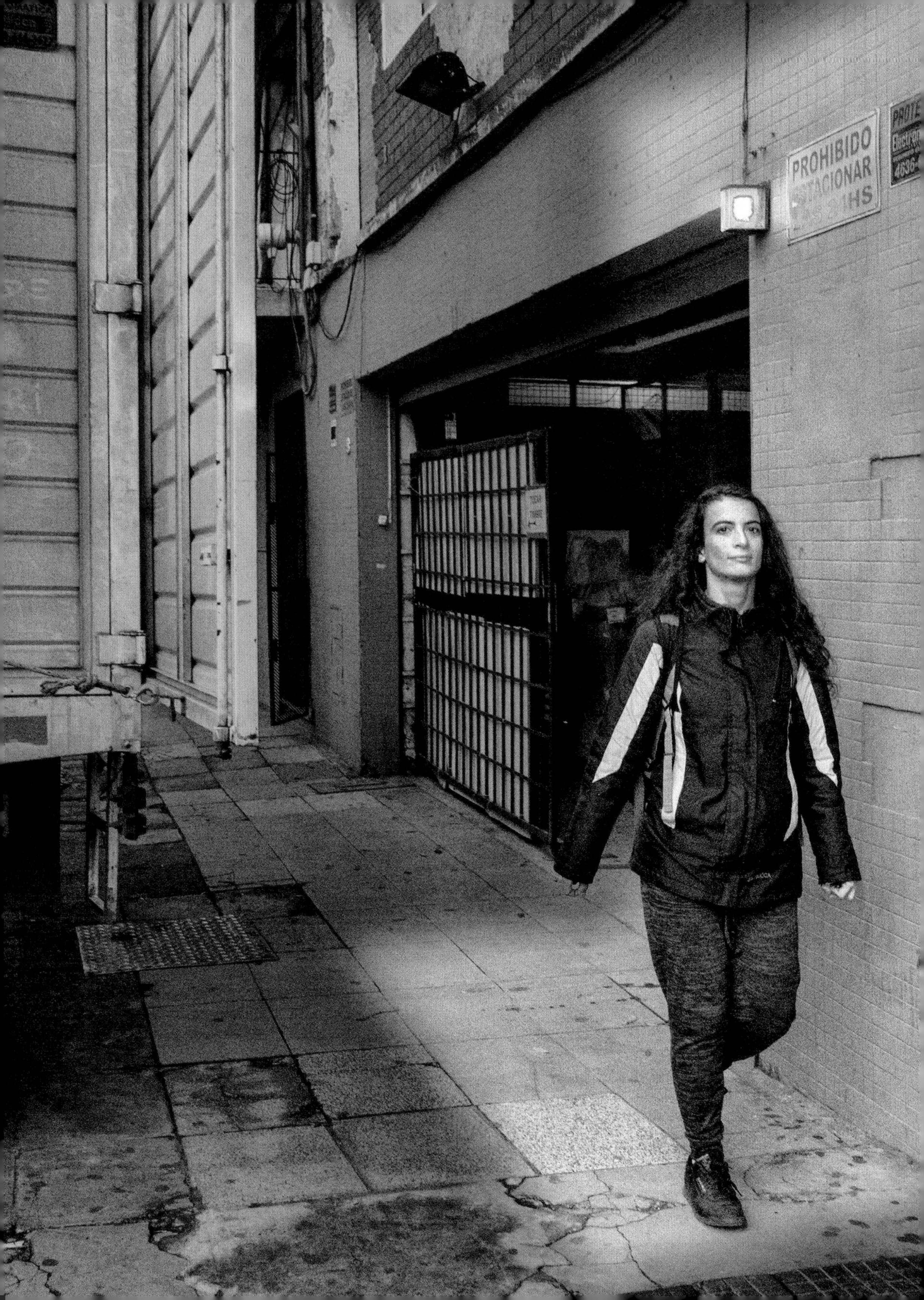

PROHIBIDO
ESTACIONAR
HS
PROTE
Electro
4636

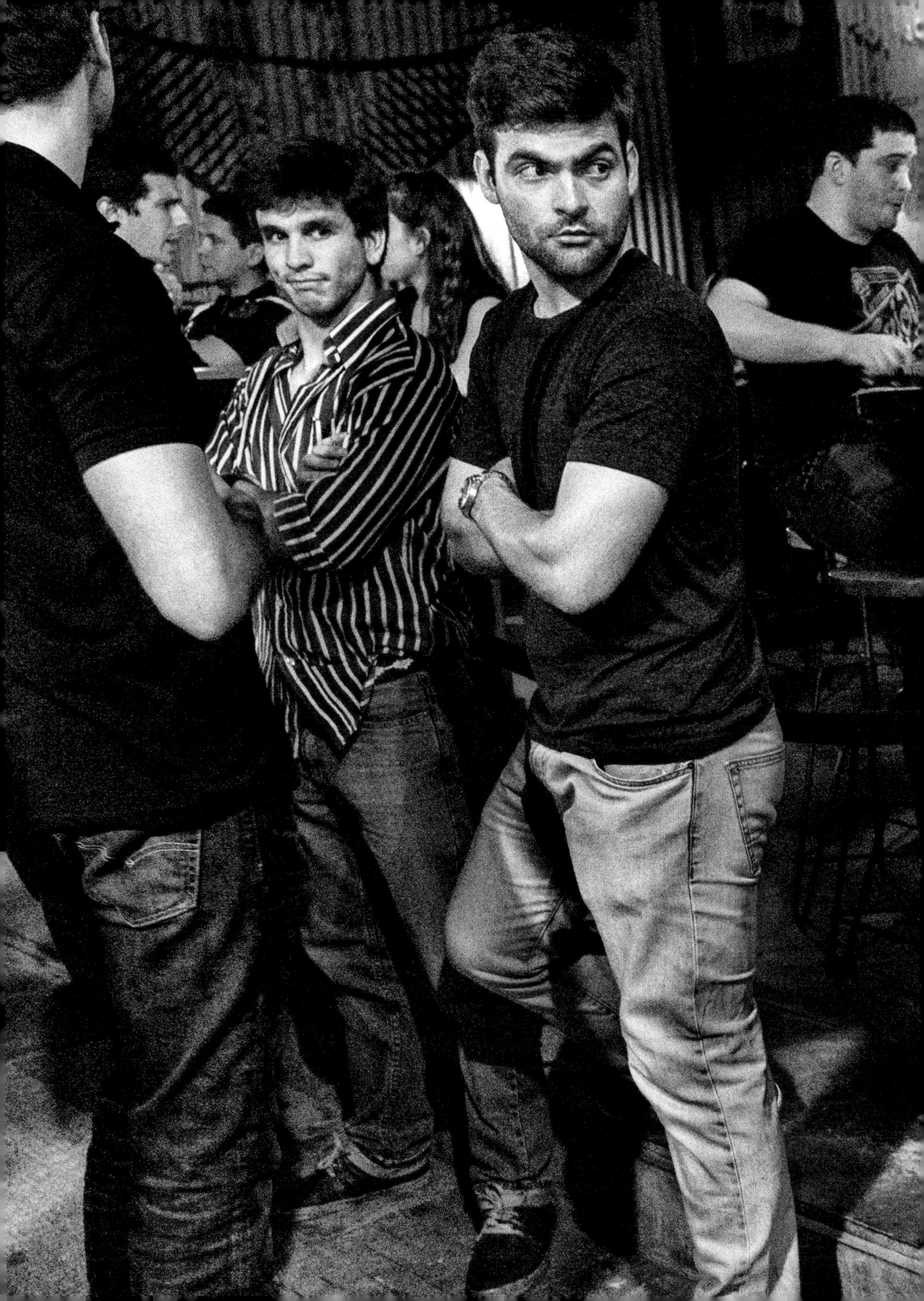

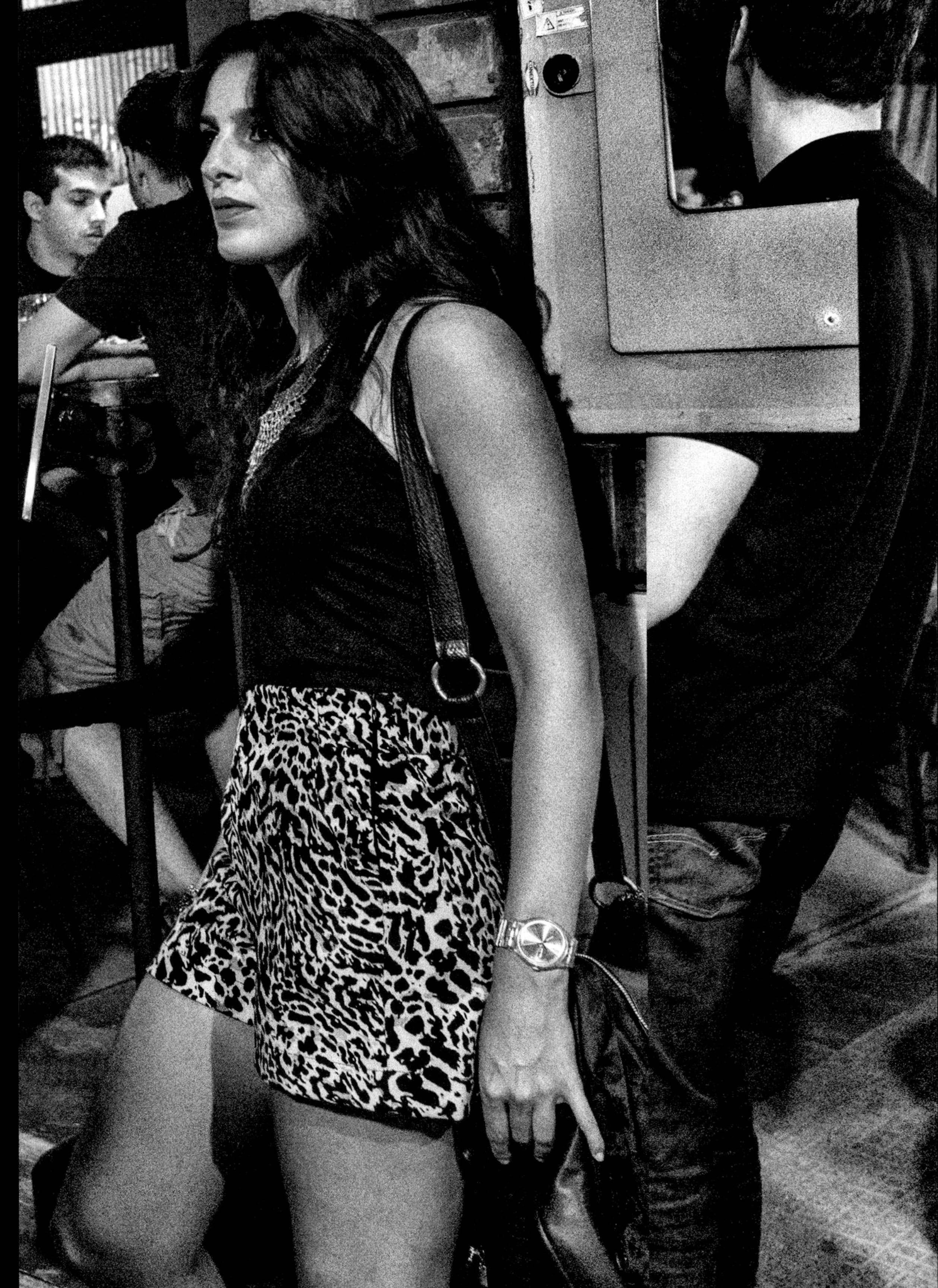

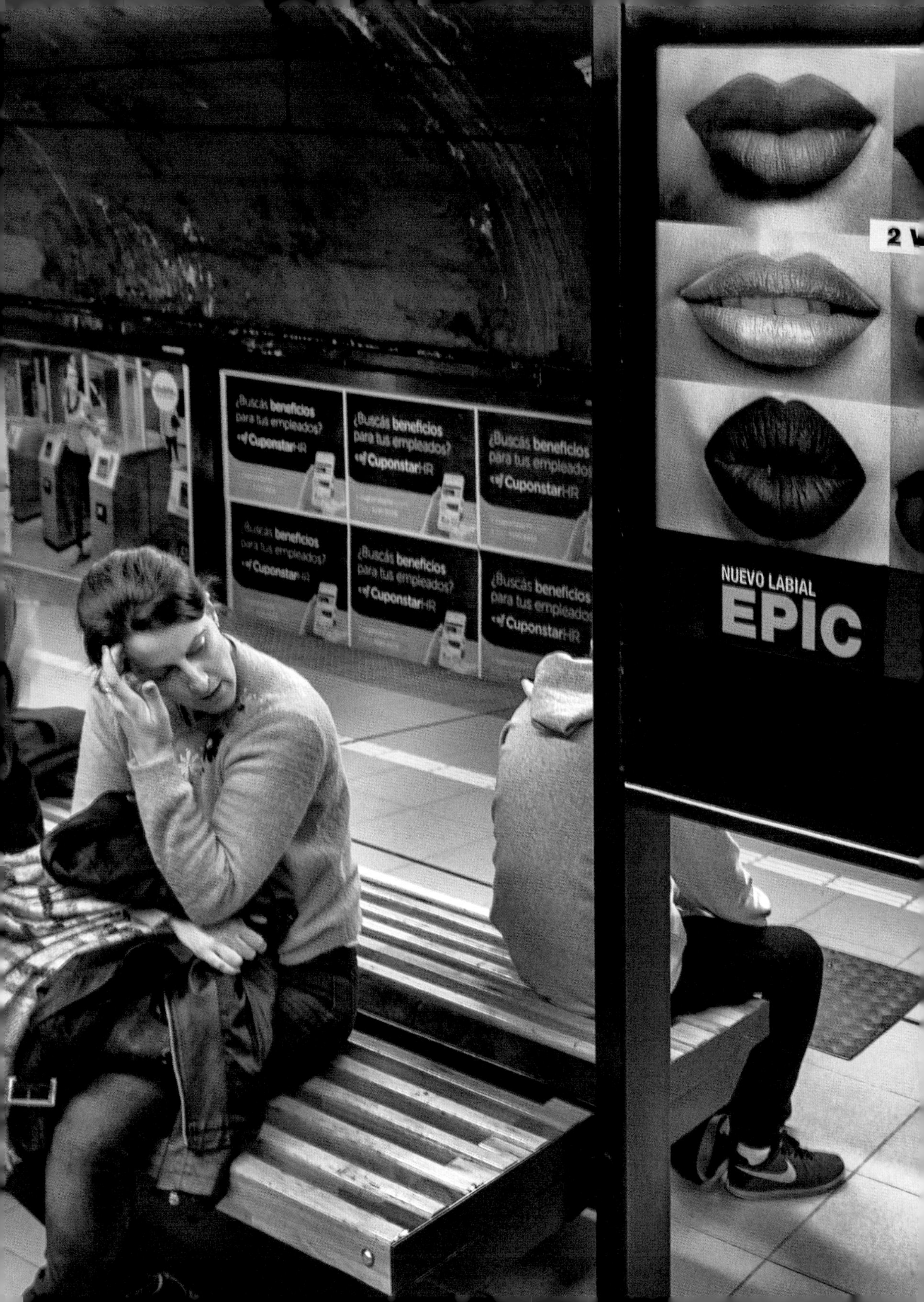

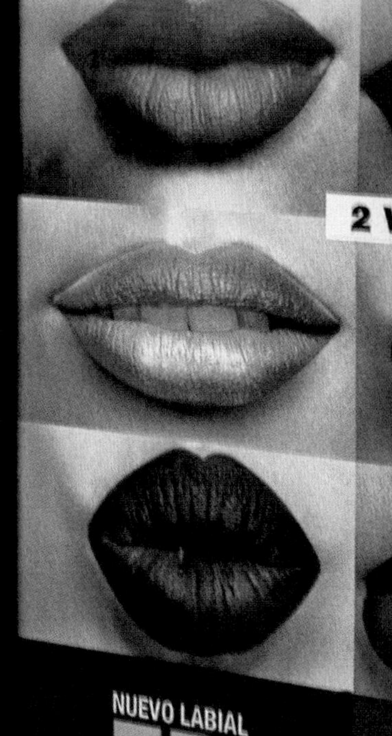
2 V
NUEVO LABIAL
EPIC

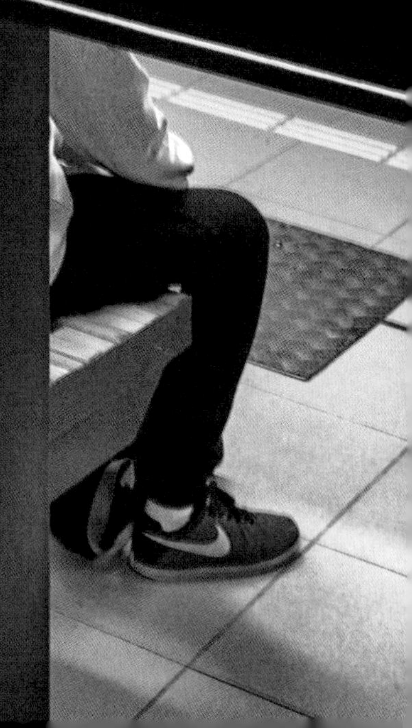

¿Buscás beneficios
para tus empleados?
Cuponstar HR
¿Buscás beneficios
para tus empleados?
Cuponstar HR
¿Buscás beneficios
para tus empleados
Cuponstar HR
Buscás beneficios
para tus empleados
Cuponstar HR
¿Buscás beneficios
para tus empleados?
Cuponstar HR
¿Buscás beneficios
para tus empleados
Cuponstar HR

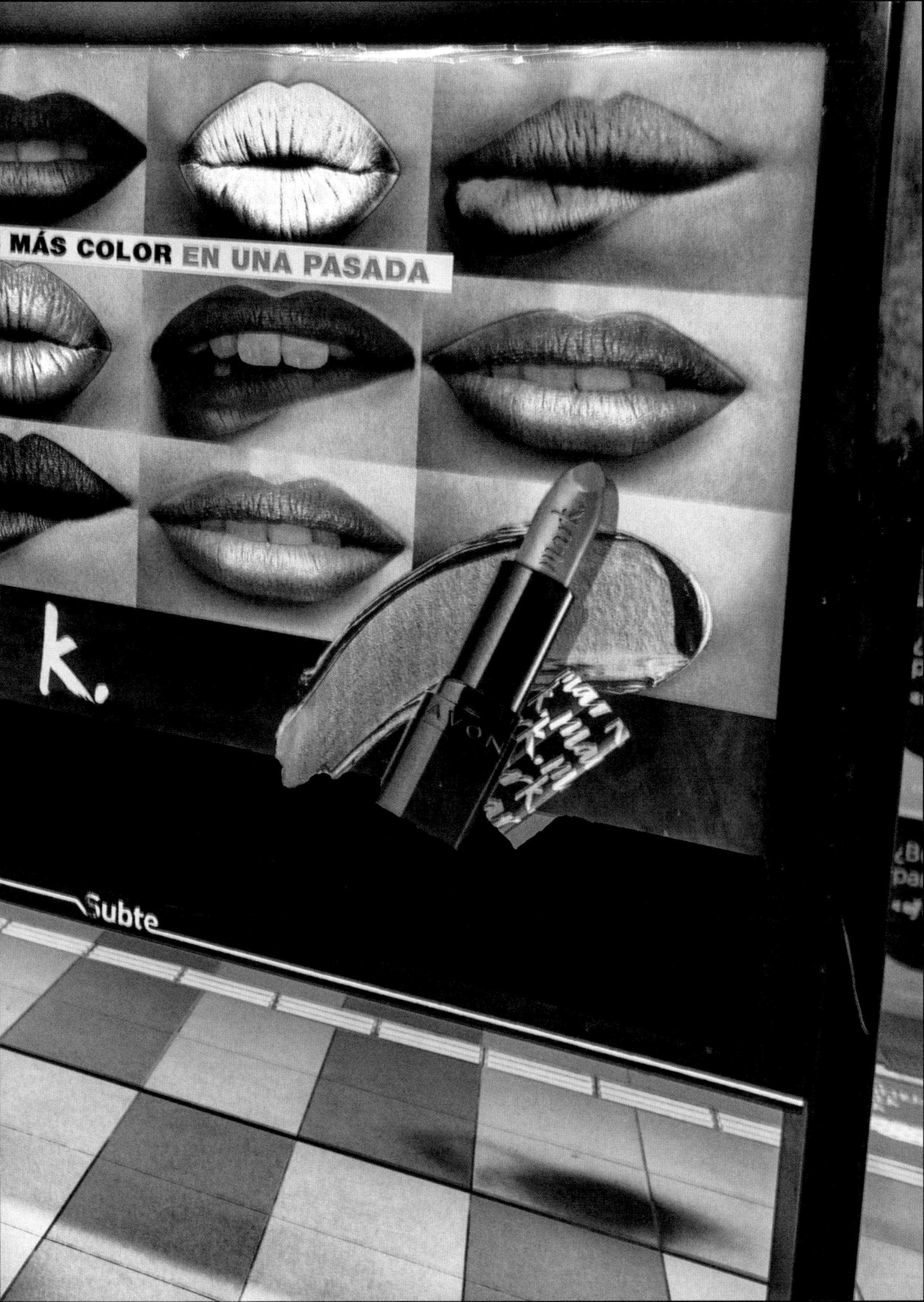

MÁS COLOR EN UNA PASADA
k.
Subte

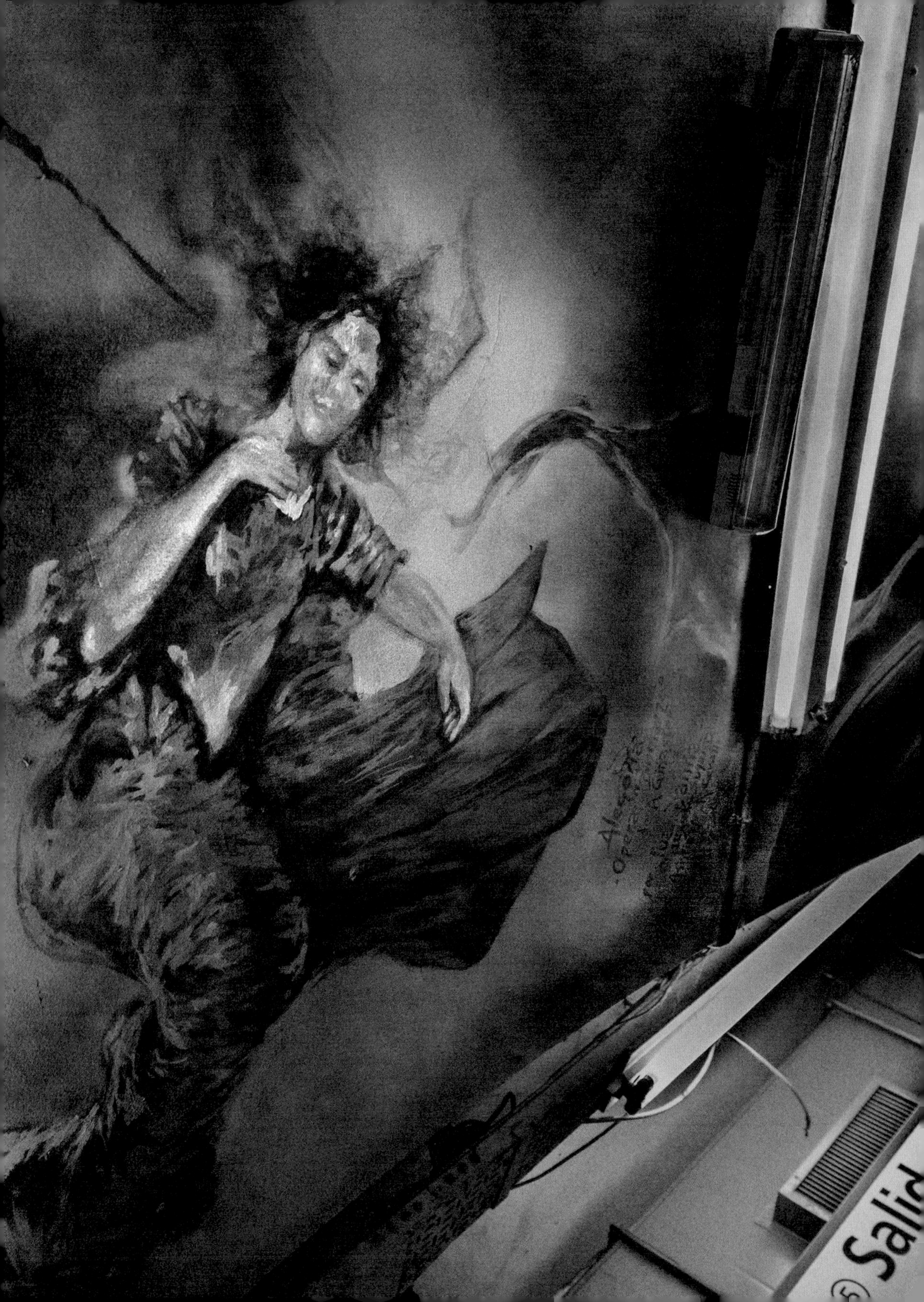
Salid

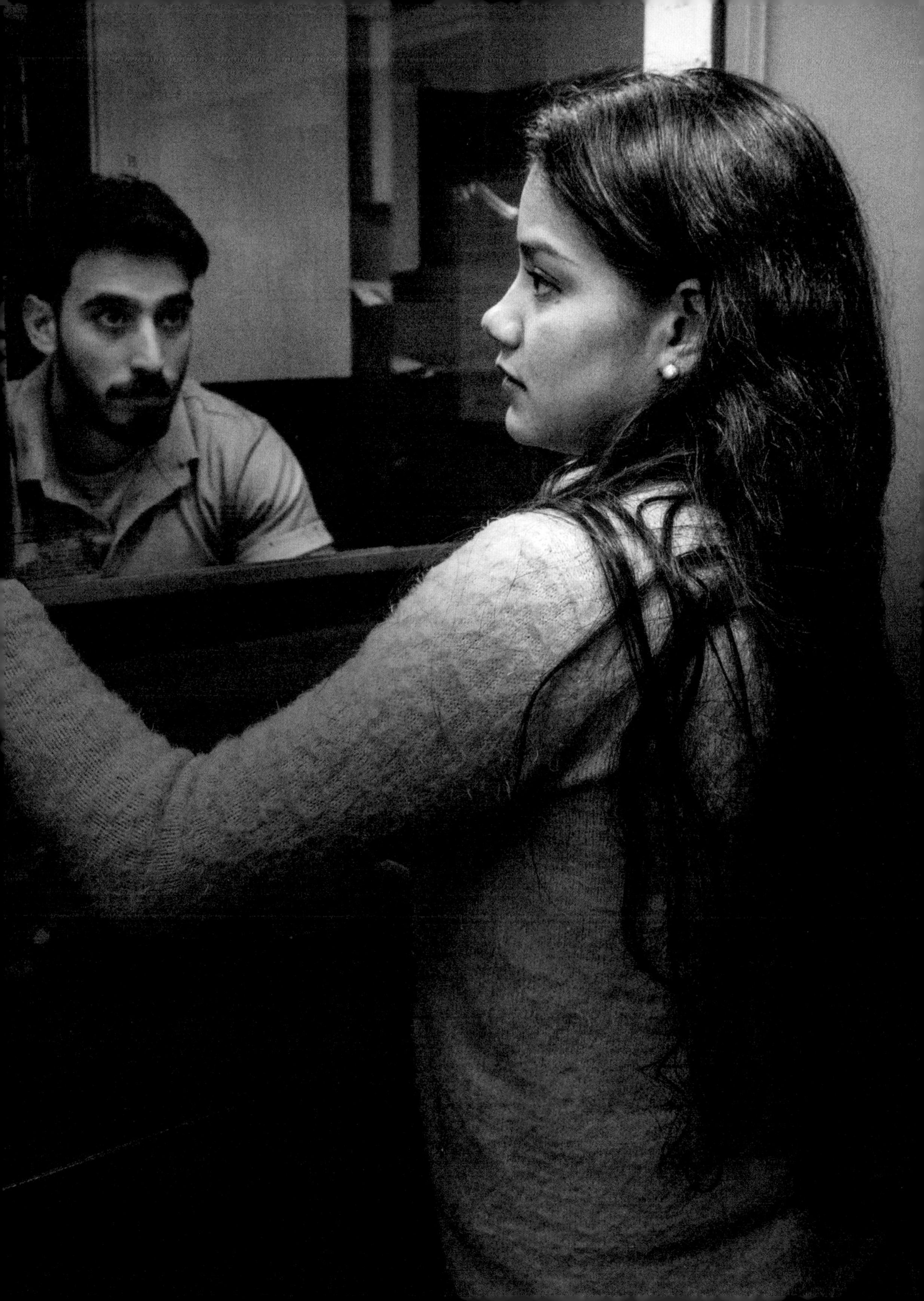

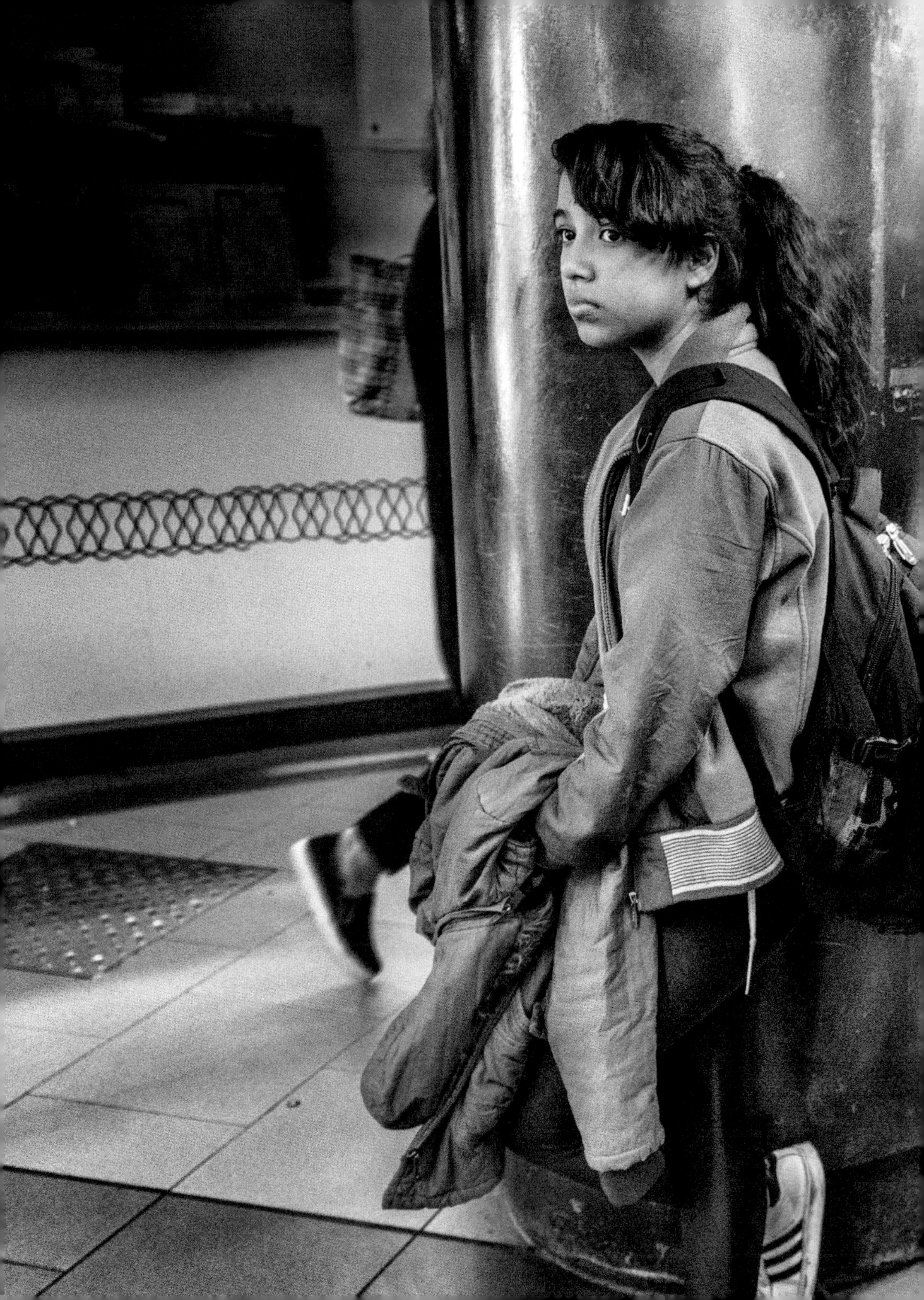

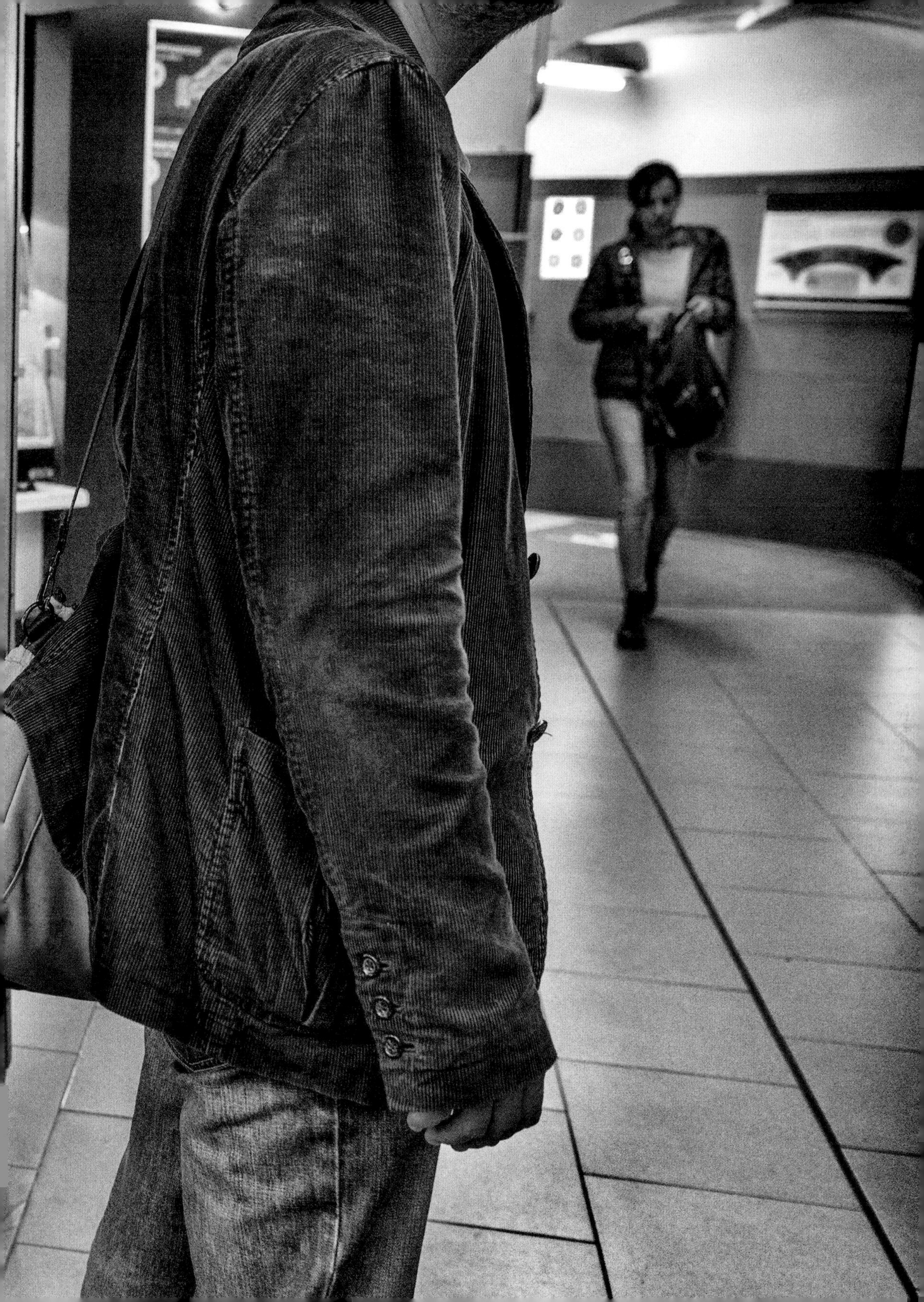

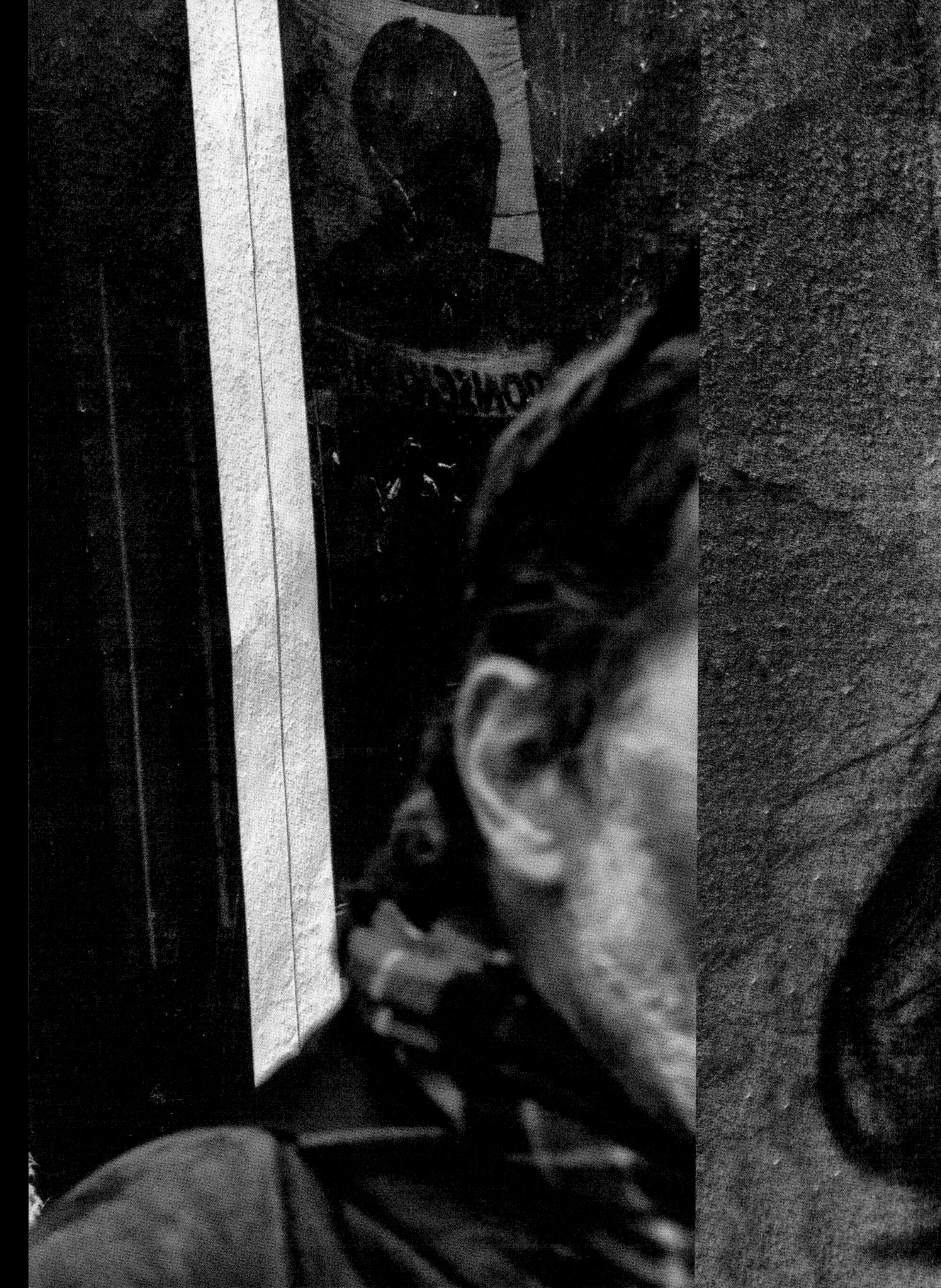

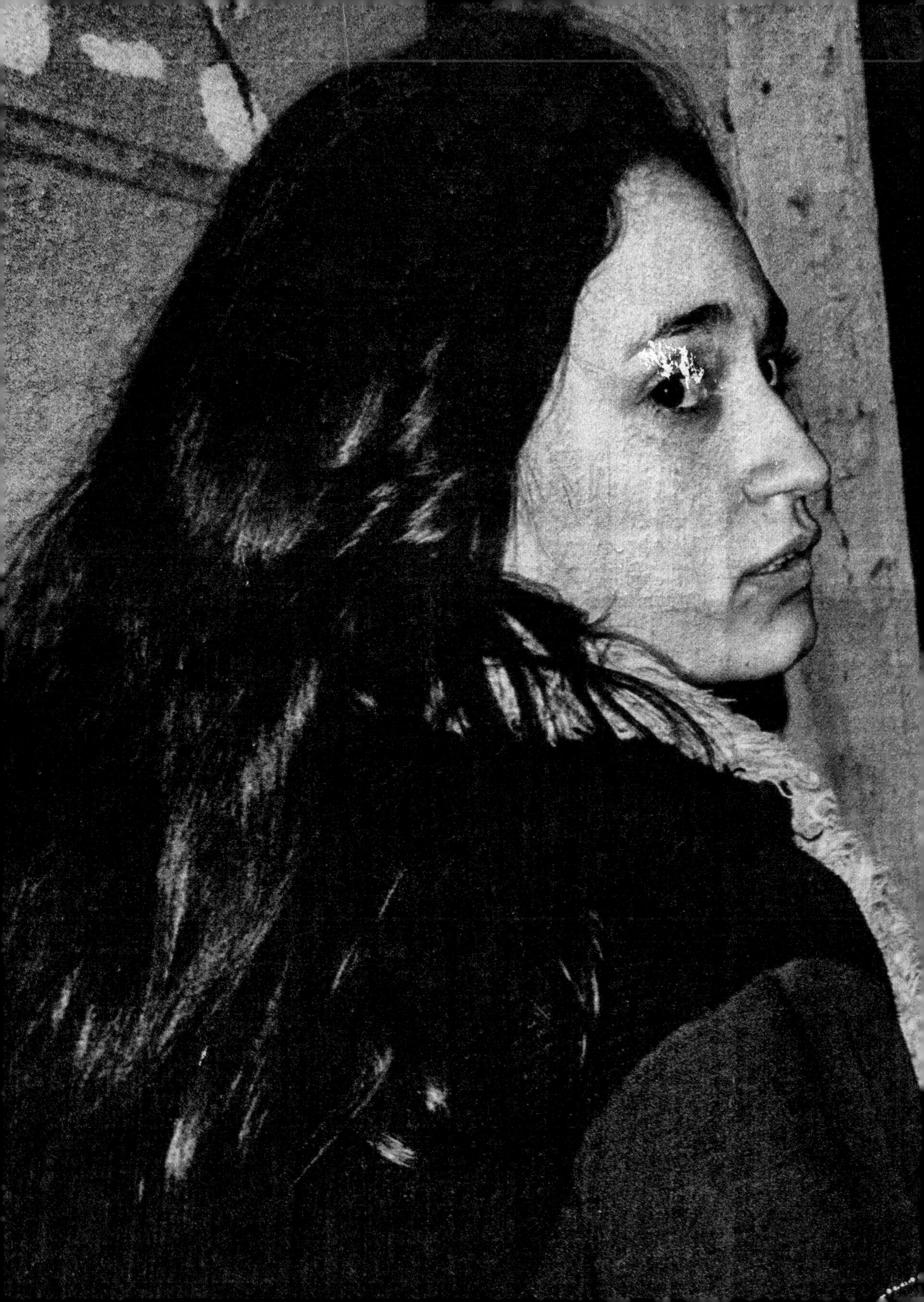

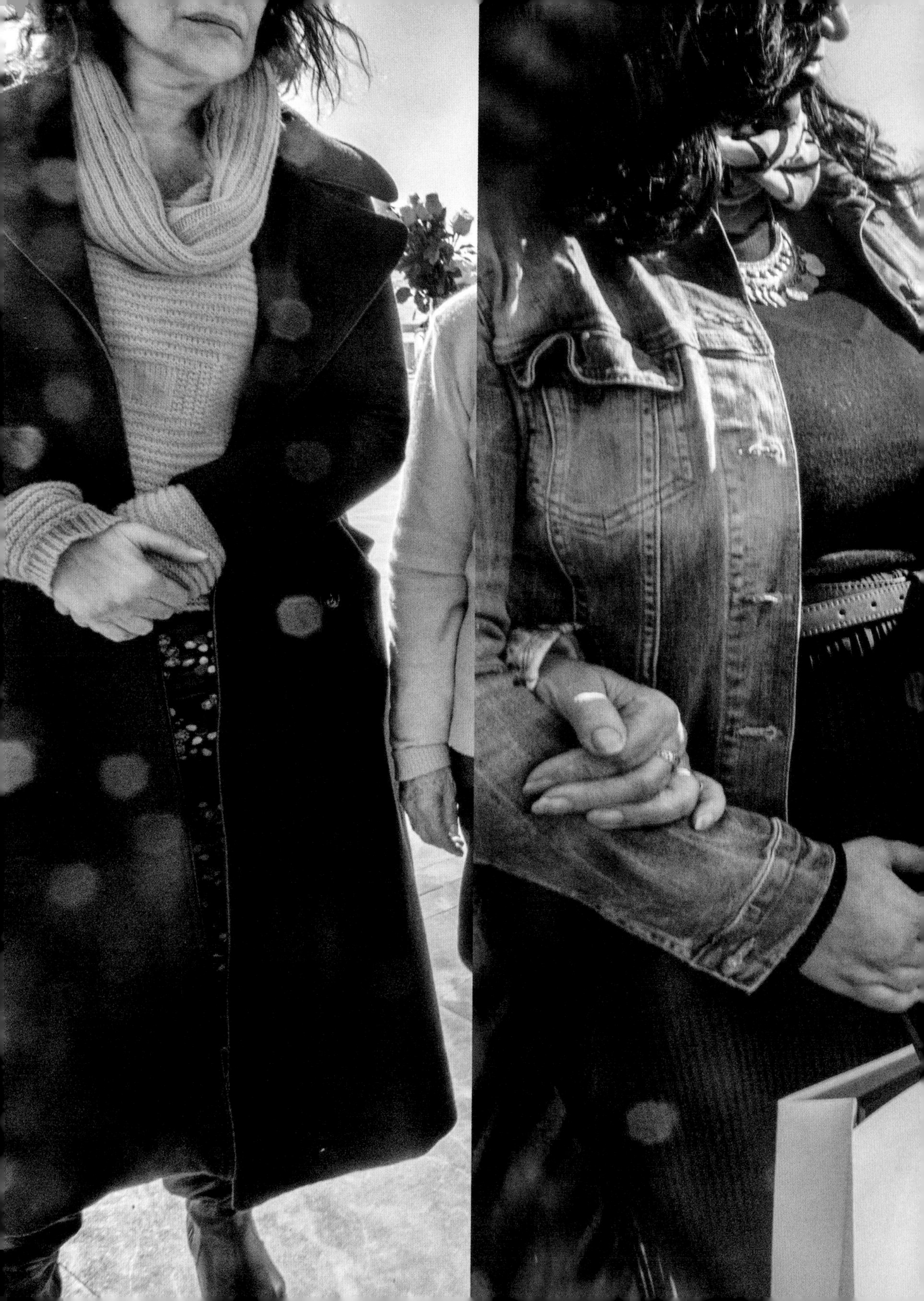

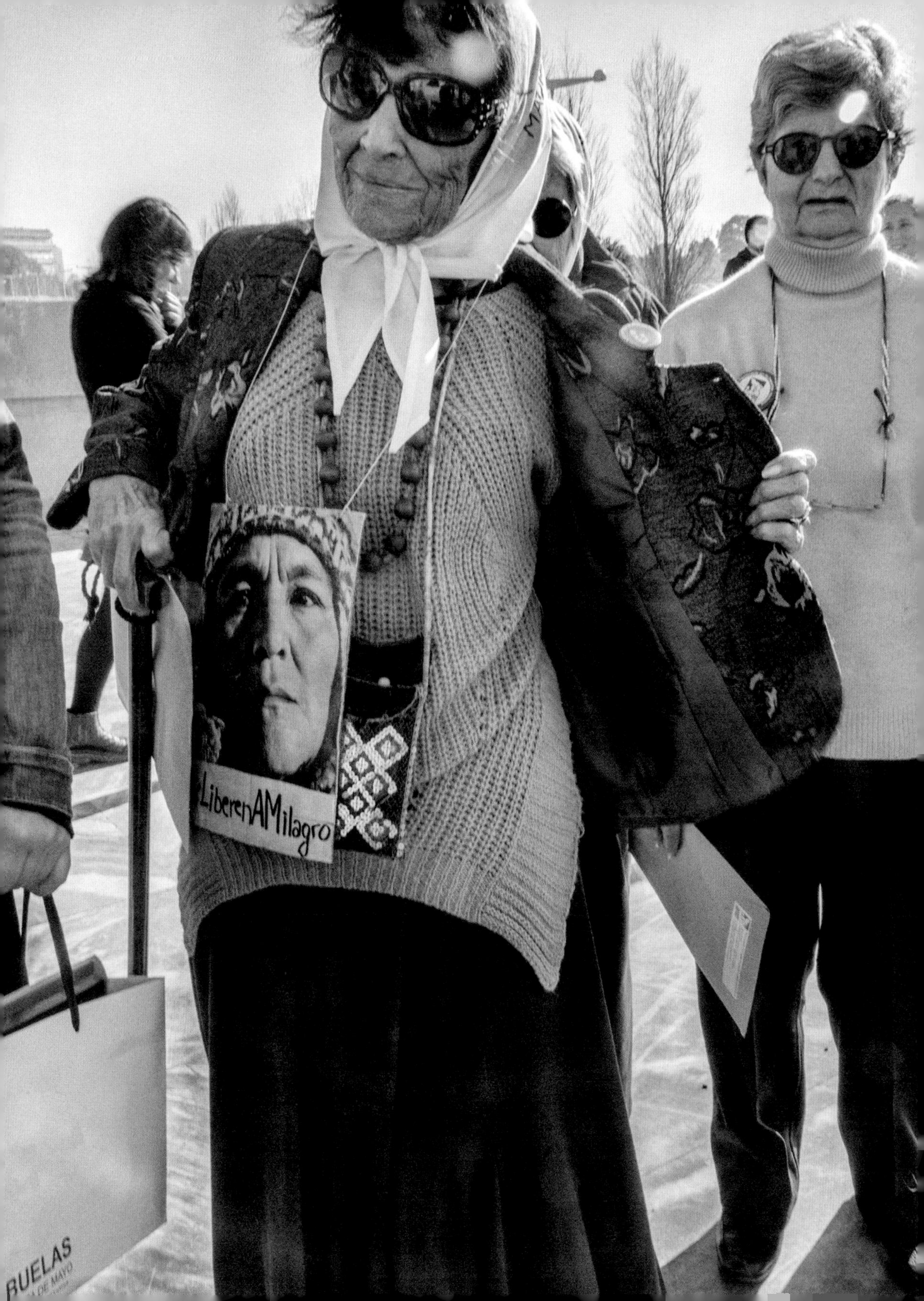
#LiberenAMilagro

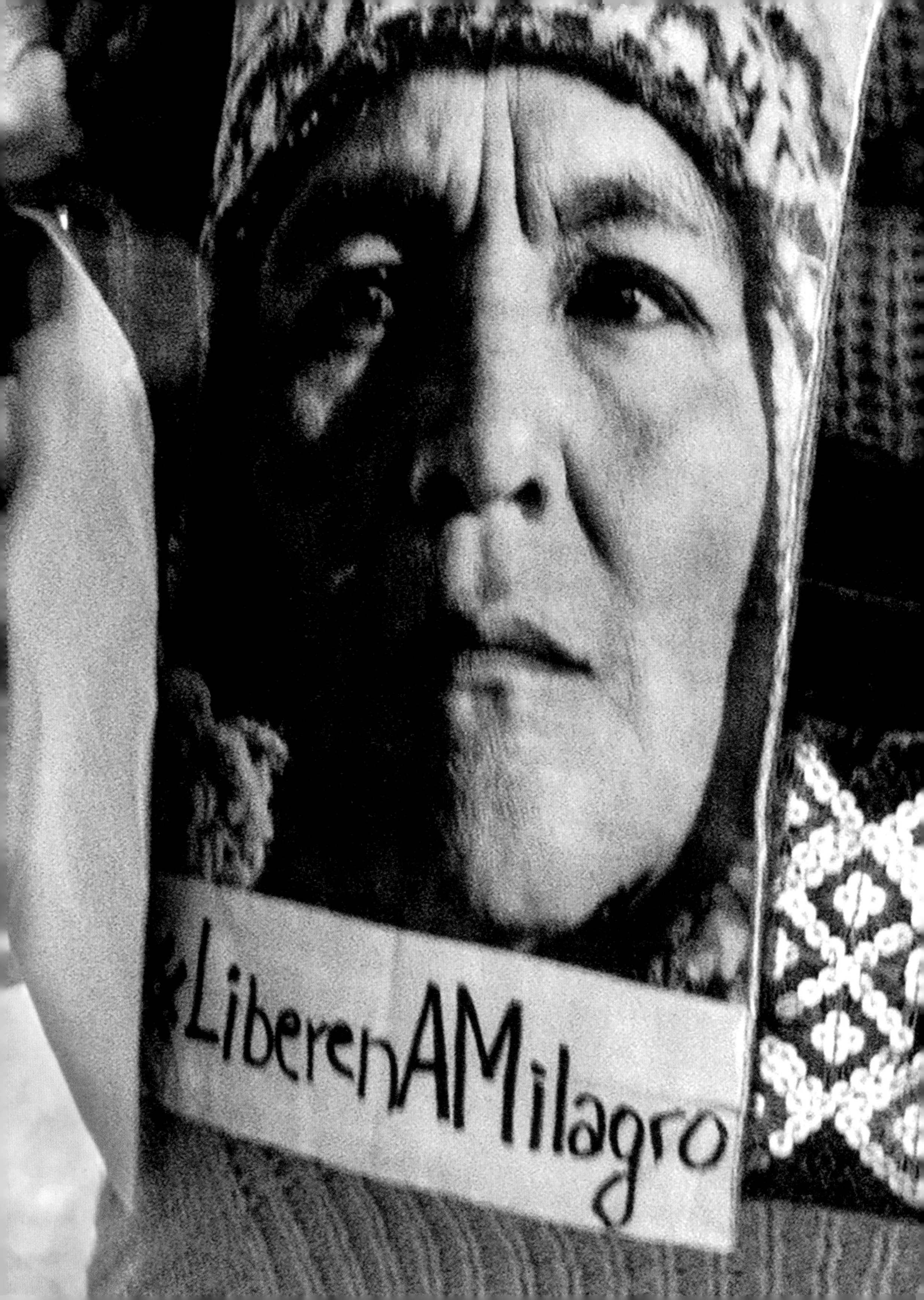

LiberenAMilagro

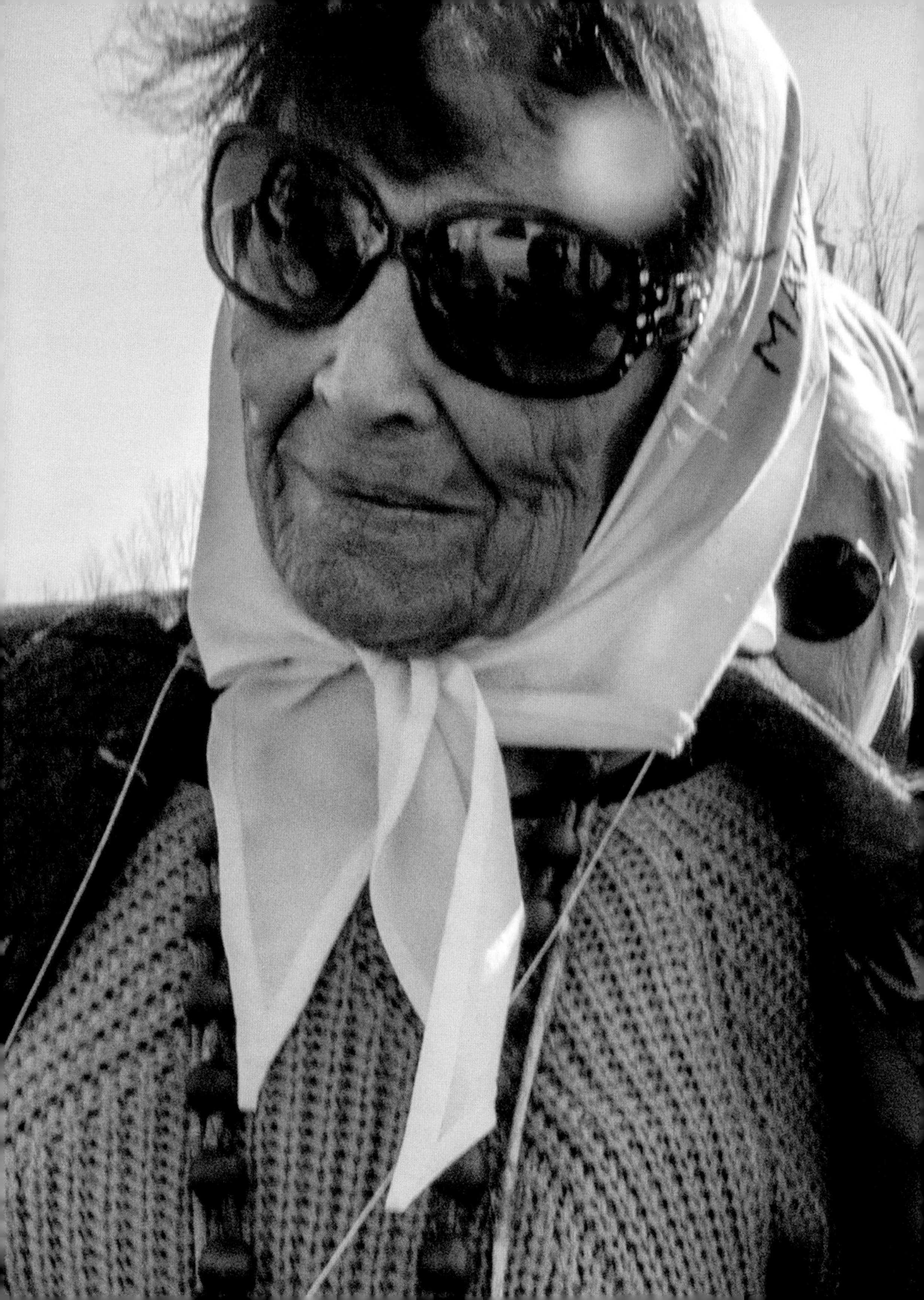

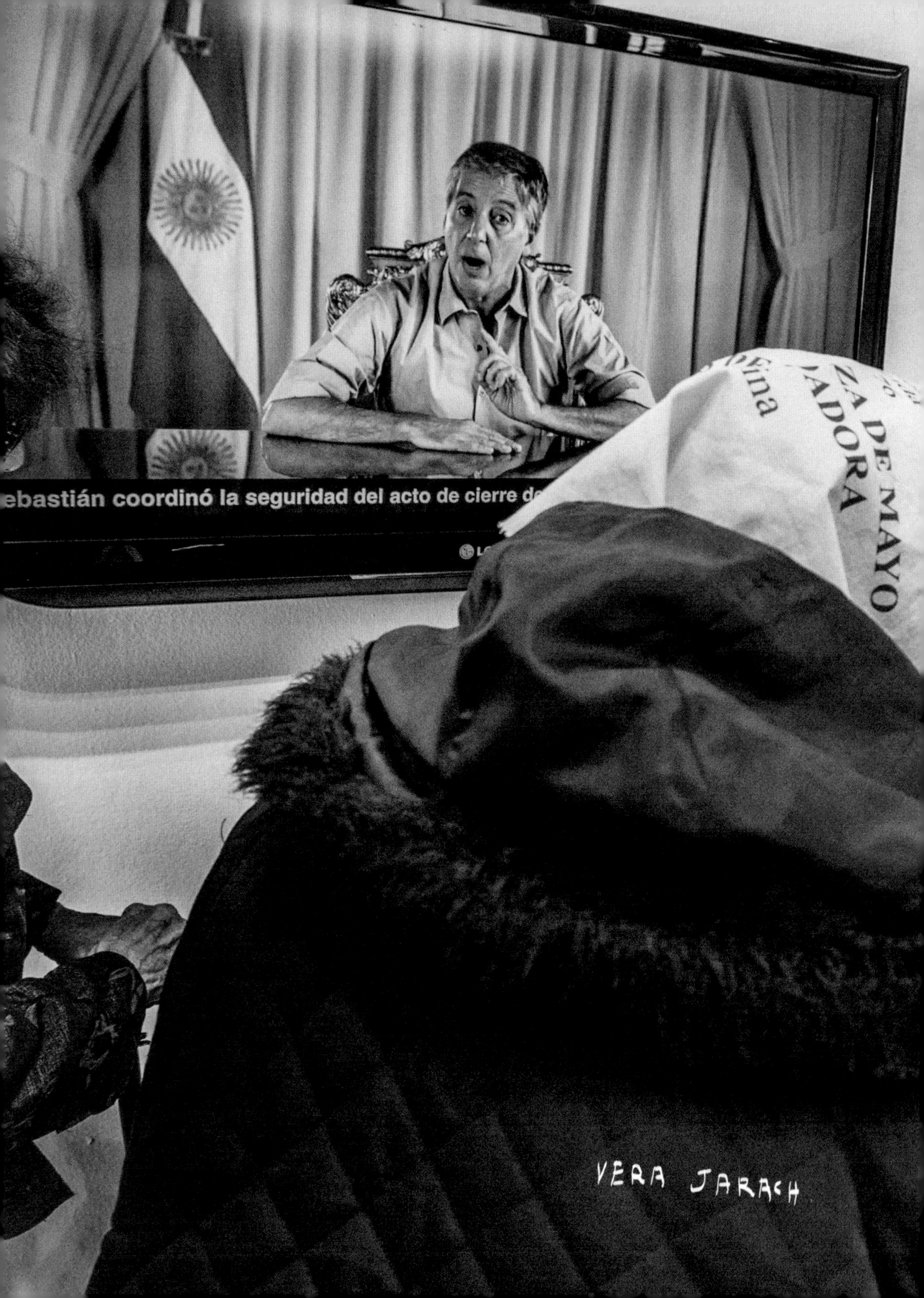

ebastián coordinó la seguridad del acto de cierre d

VERA JARACH

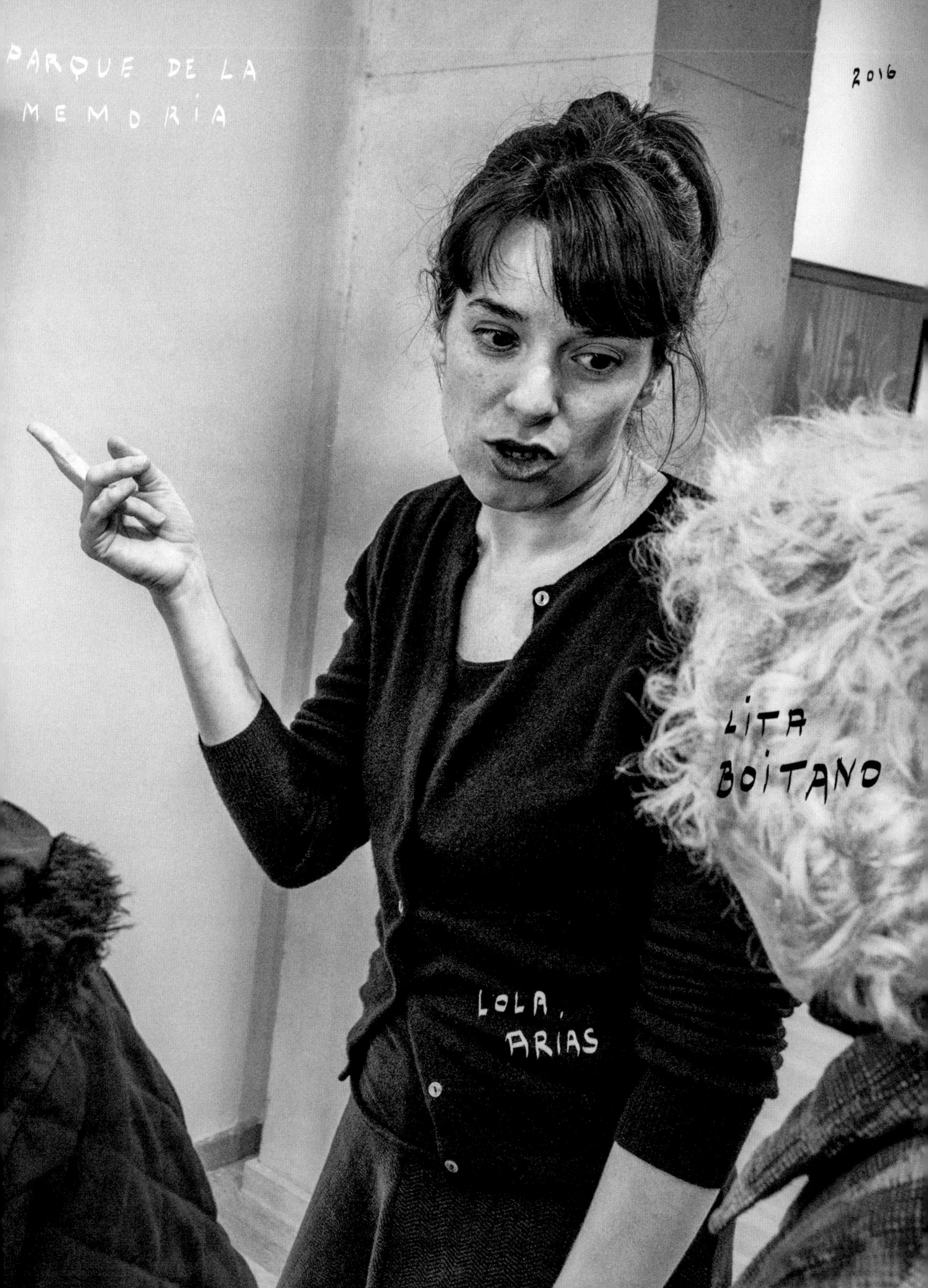

PARQUE DE LA
MEMORIA
2016
LITA
BOITANO
LOLA
ARIAS

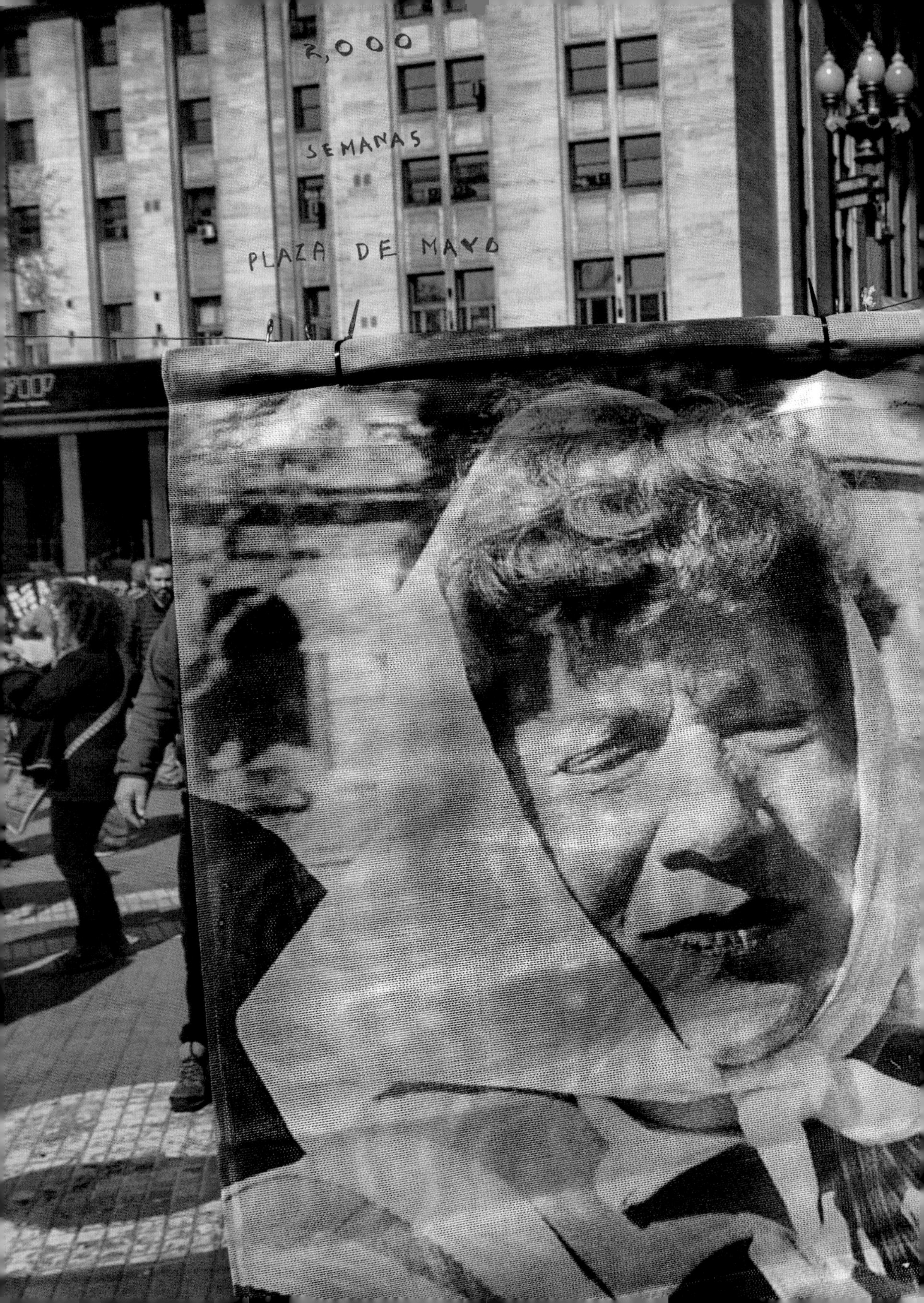

2,000
SEMANAS
PLAZA DE MAYO

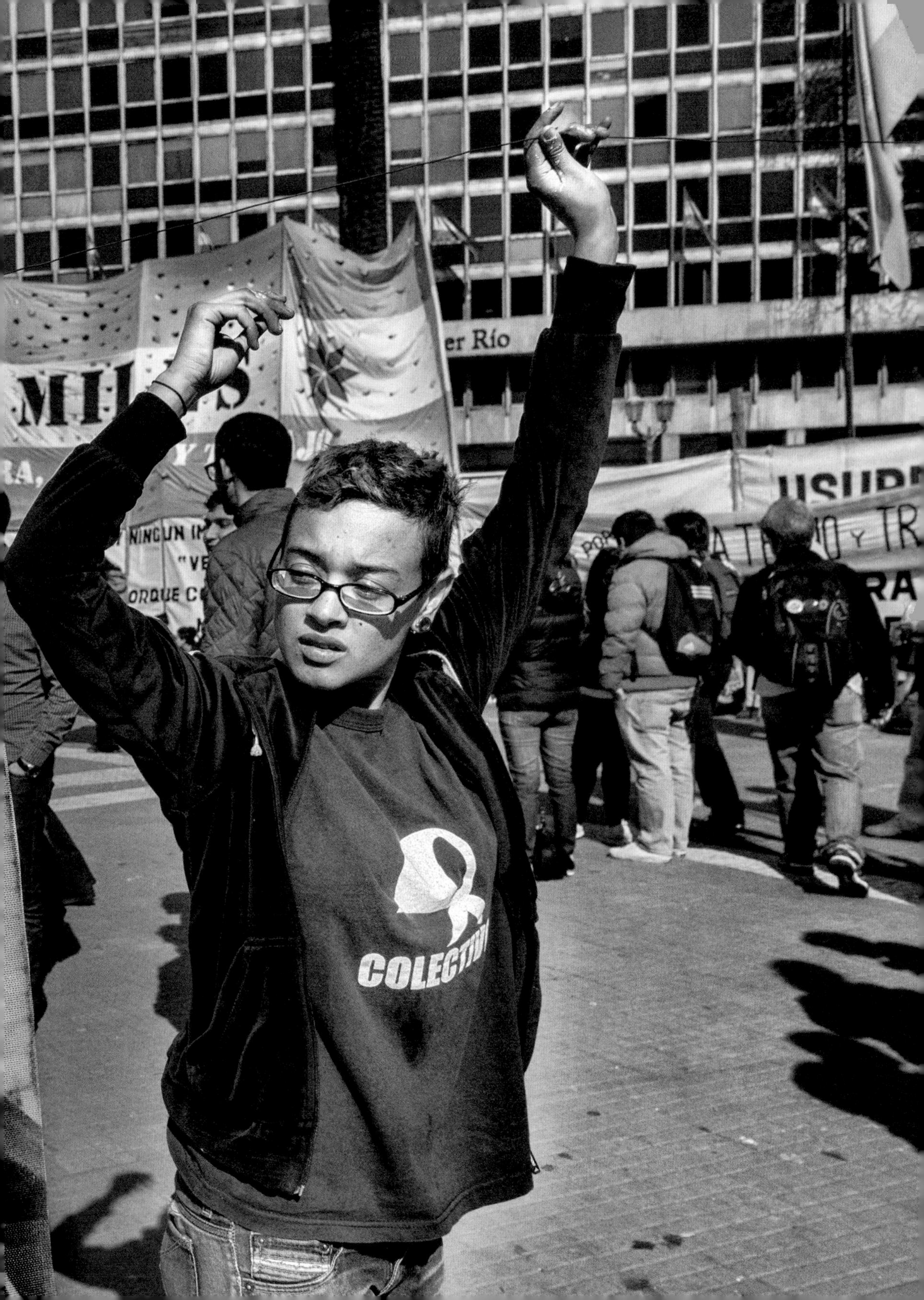
er Río
MIL
USUR
COLECTIV

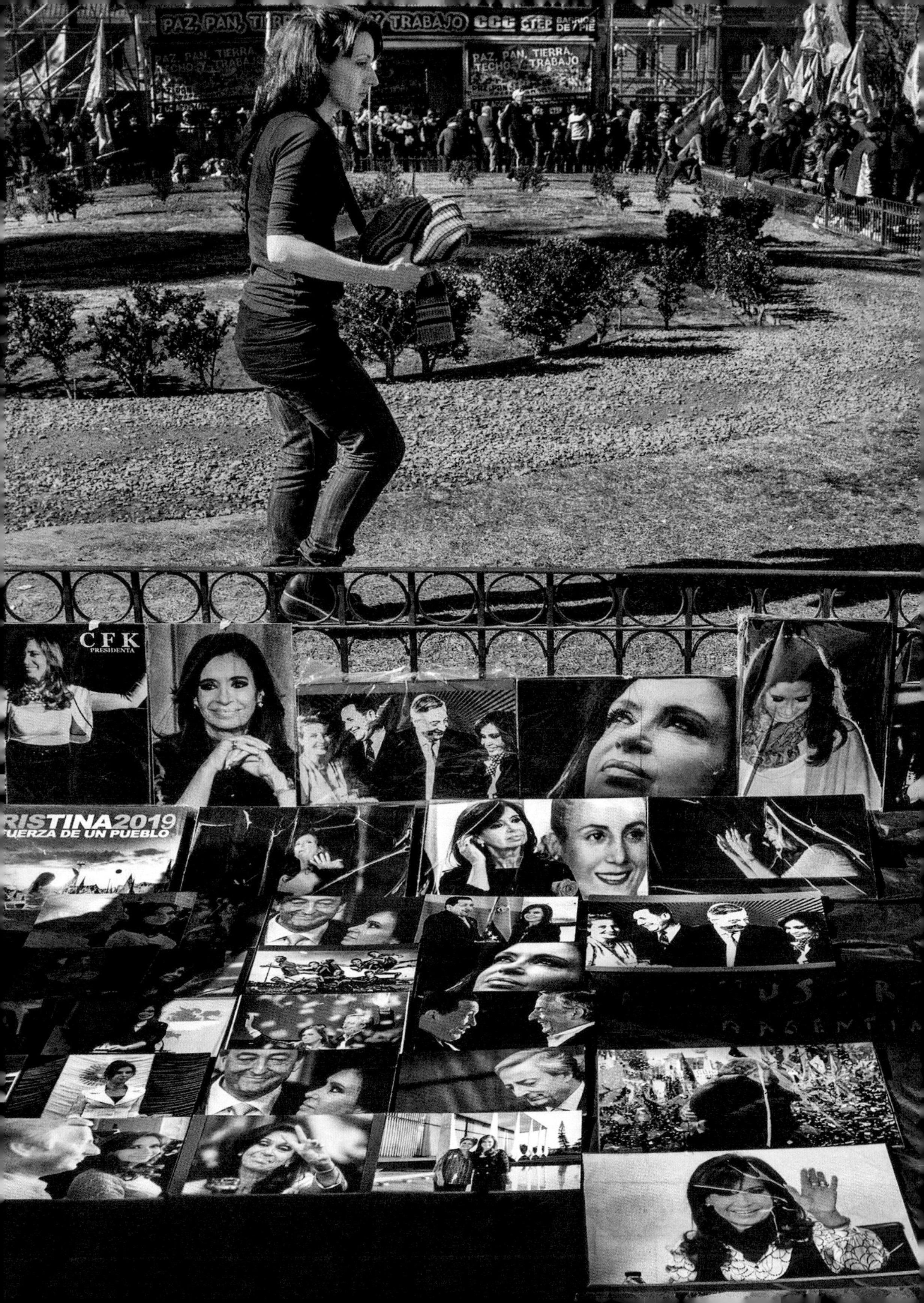

PAZ, PAN, TIERRA Y TRABAJO
CCC CTEP BARRIOS DE PIE
PAZ, TIERRA, TECHO Y TRABAJO
PAZ, PAN, TIERRA, TECHO Y TRABAJO
CFK PRESIDENTA
CRISTINA 2019
FUERZA DE UN PUEBLO

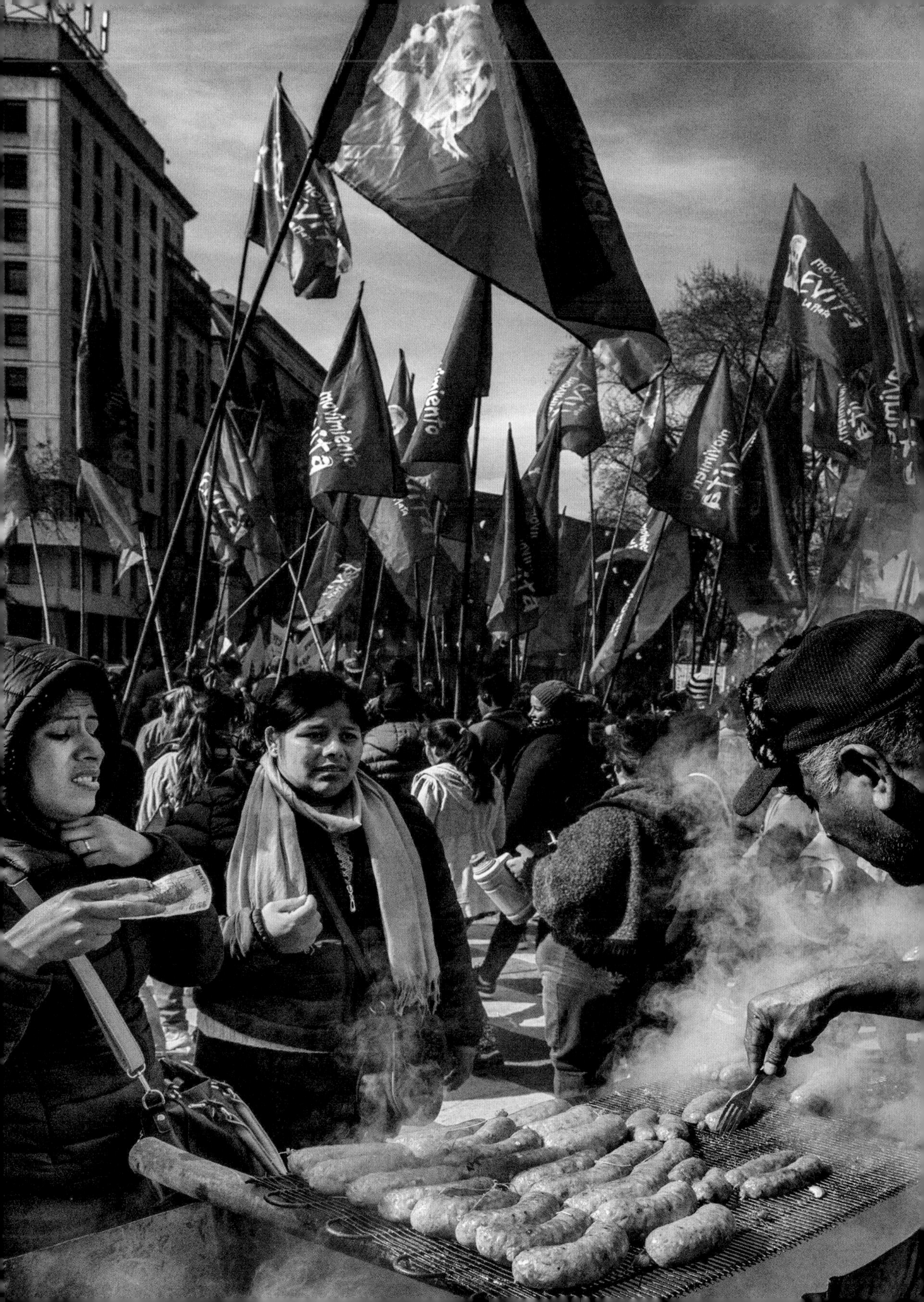

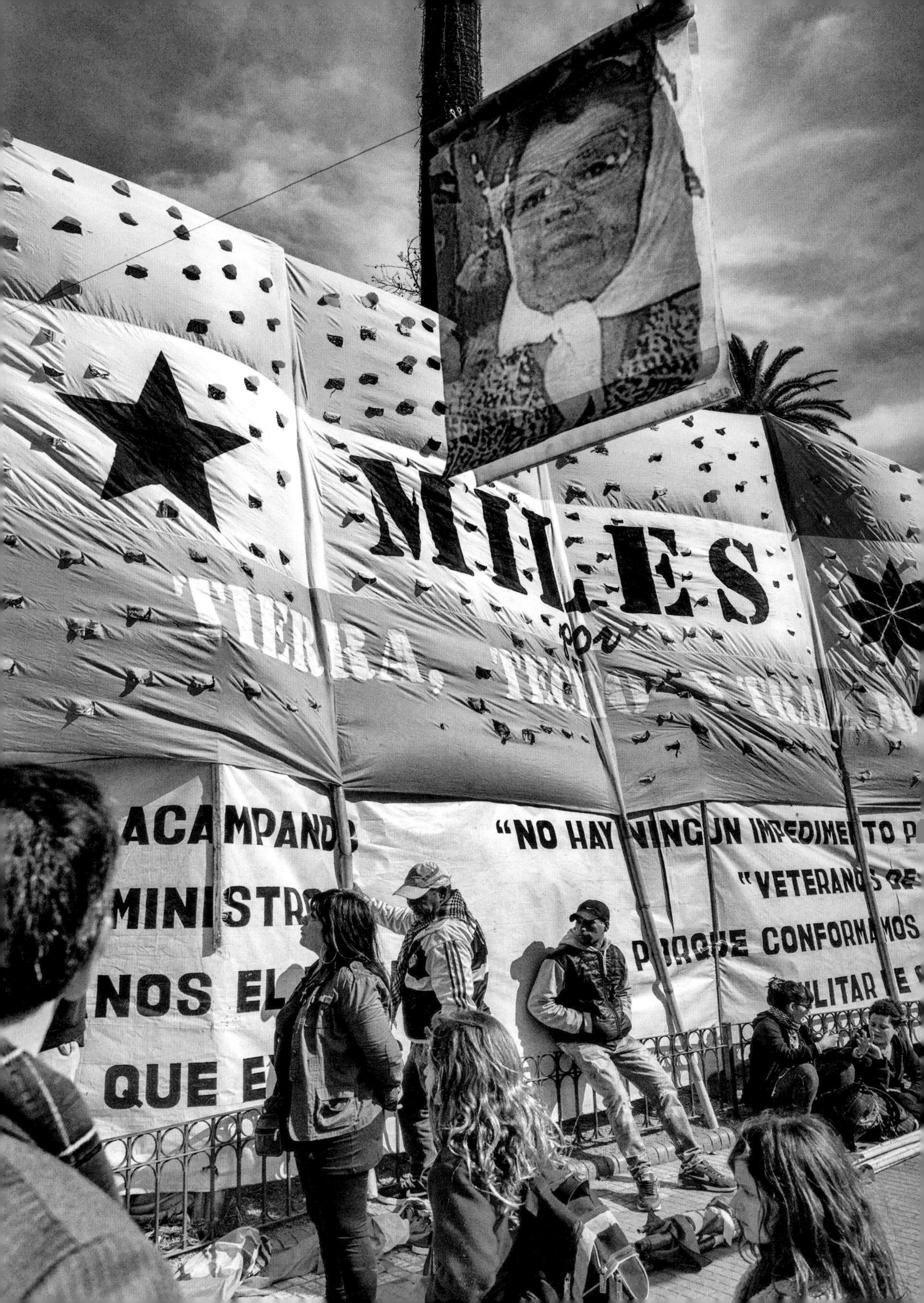

MILES
por
TIERRA, TECHO Y TRA
ACAMPAND
MINISTR
NOS EL
QUE E
"NO HAY NINGUN IMPEDIMENTO P
"VETERANOS DE
PORQUE CONFORMAMOS
ILITAR DE

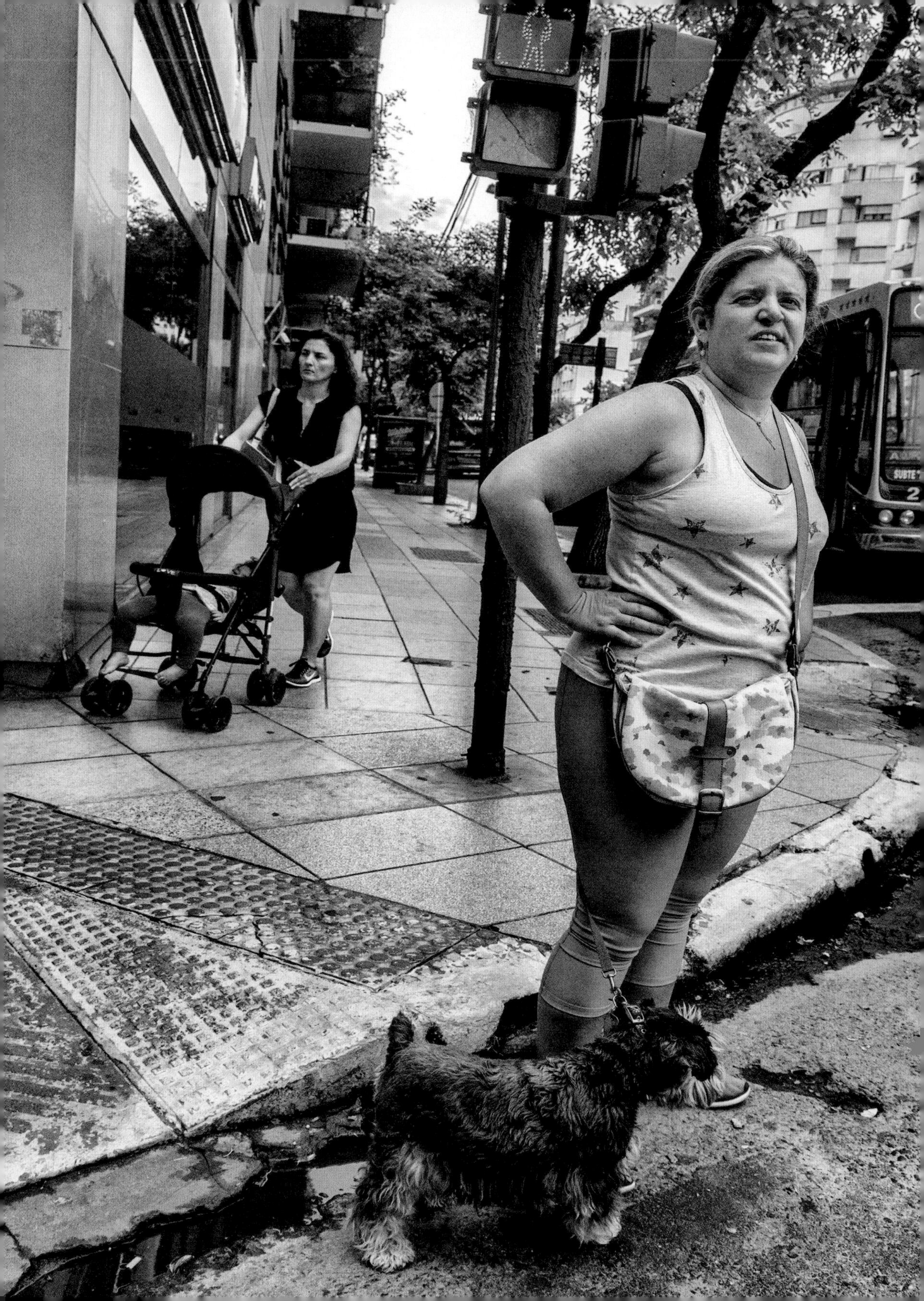

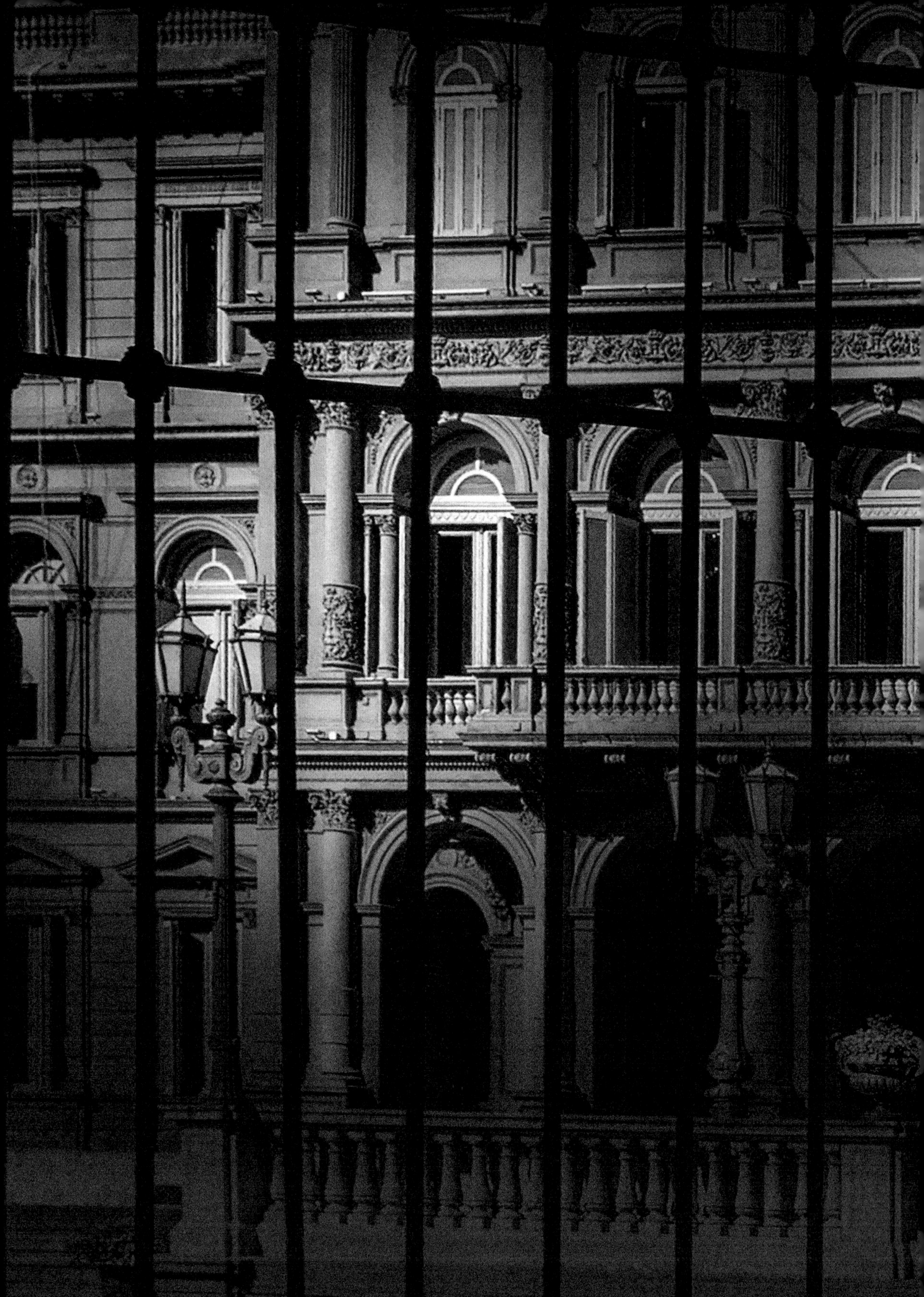

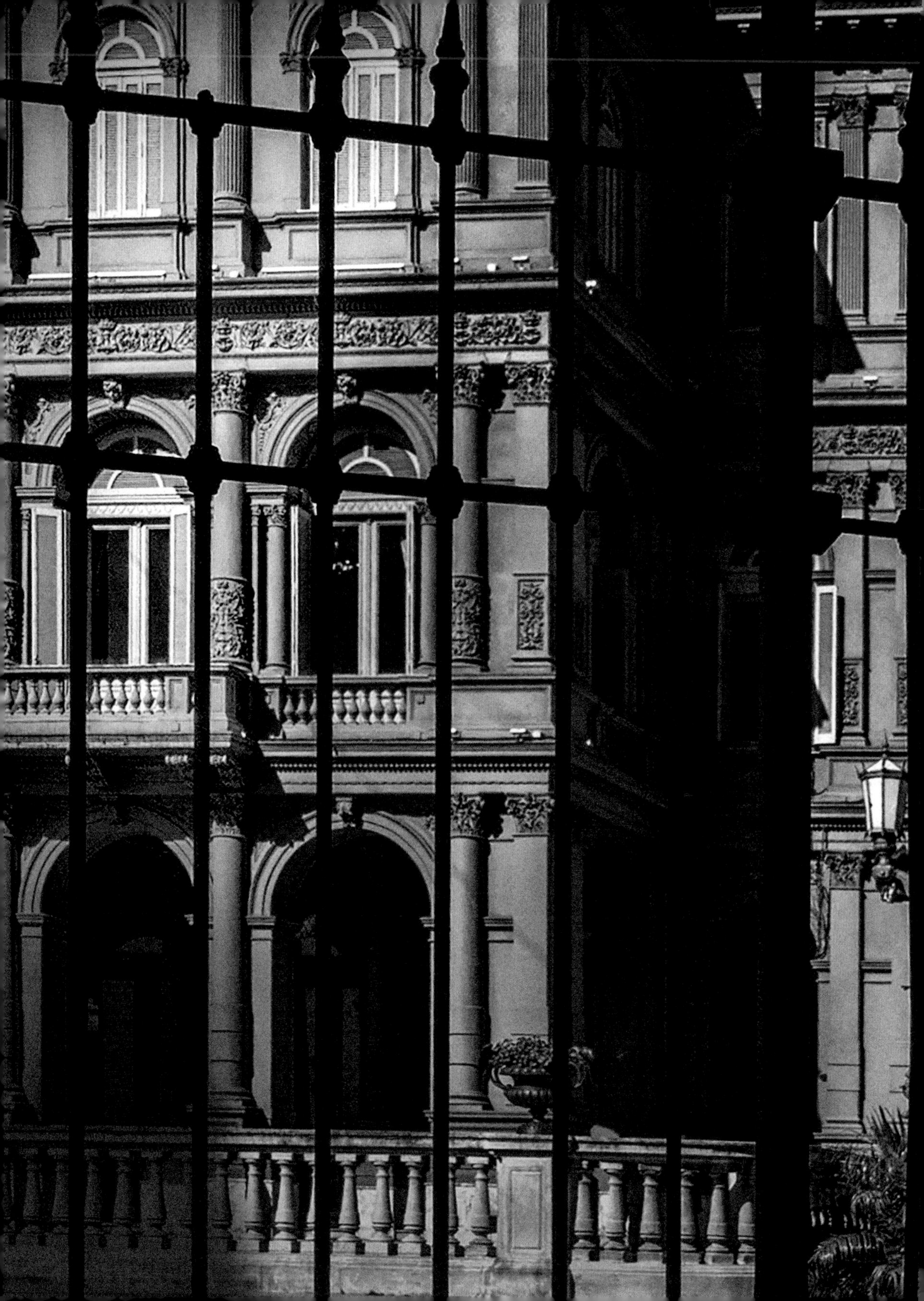

A mis 3 hijas, Julia, Leonor y Nicolasa.

Entre los años 2016 y 2018 visité tres veces la ciudad de Buenos Aires en Argentina. Por esa época en los Estados Unidos cobraba fuerza el movimiento #MeToo y se esparcía por todo Latinoamérica.

En Buenos Aires es notable la fuerza con que pisan las mujeres, me propuse fotografiarlas. Frente a la contundencia de los movimientos feministas en los centros urbanos de Latinoamérica, decidí revisar las fotos con la intención de armar un libro pequeño, de un momento grande.

En alguno de los viajes fui invitado por Turma a participar como jurado en el Premio al mejor libro fotográfico, Lucho Weinstein fue mi compañero en el jurado y en las calles. Julieta Escardó que siempre aporta, revisó varias veces el documento y me conectó con Inés Ulavosky que entre otras cosas, generó un título certero: hartas.

Con la maqueta del libro me acerqué a León Muñoz Santini de la editorial Gato Negro. Desde el inicio mostró interés y con su ojo riguroso retrabajamos la edición por largos meses. Finalmente con Ramón Reverté lo ajustamos y se le dió la forma que tiene usted en sus manos. Mi gratitud a todos.

—Pablo Ortiz Monasterio.

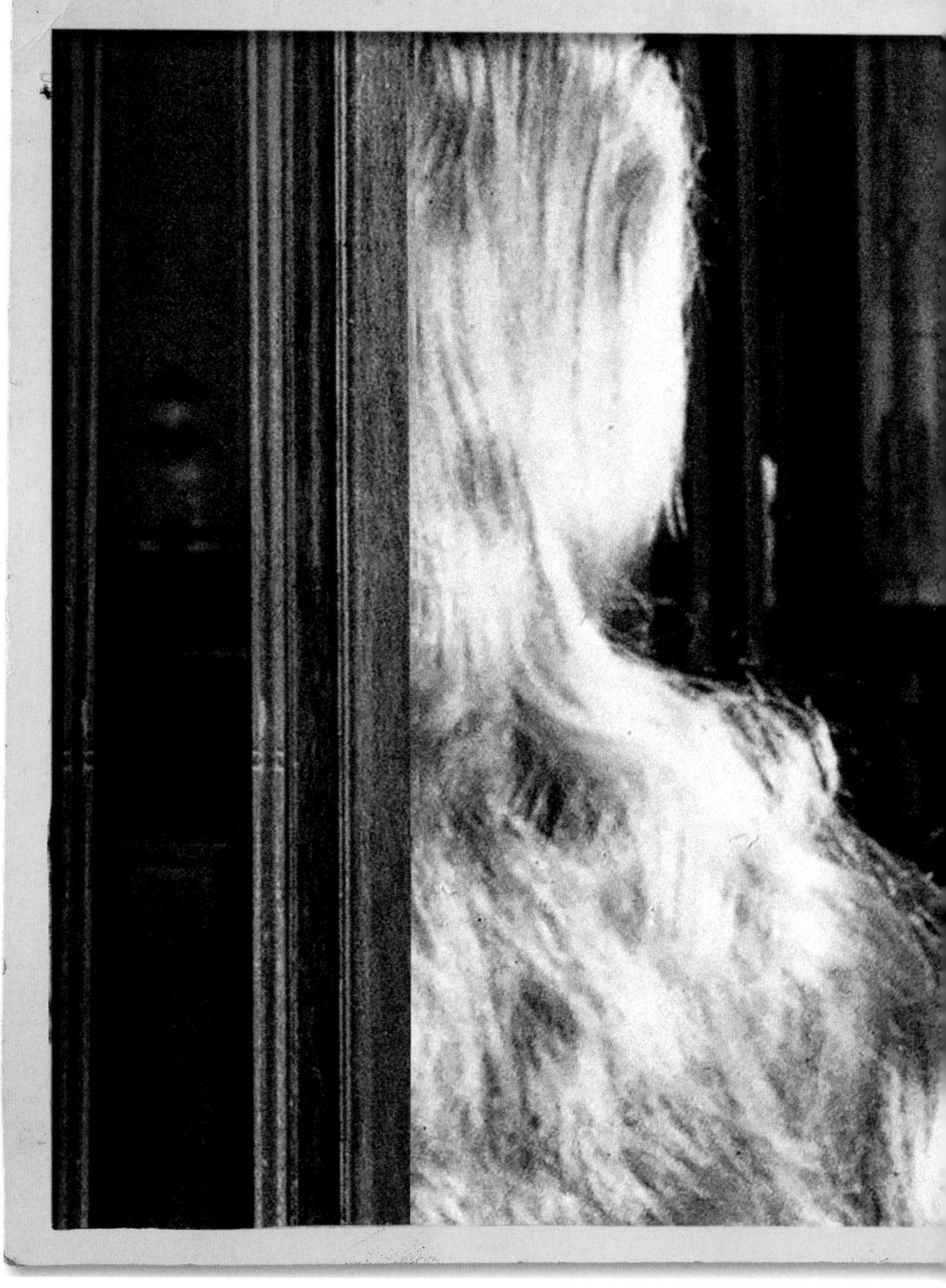

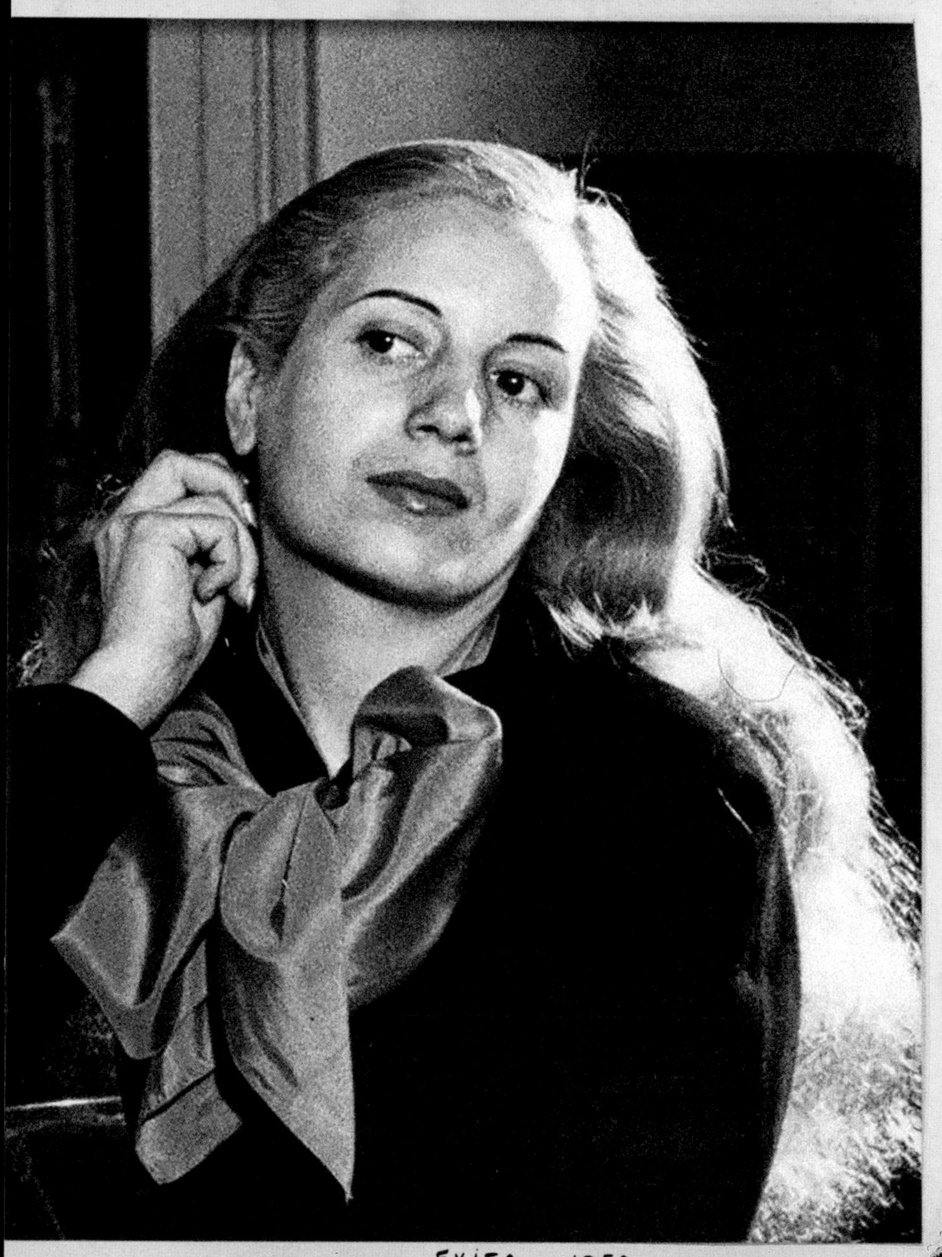

EVITA, 1950

HARTAS
Primera edición, 2022

Dirección creativa y
puesta en página,
Pablo O. Monasterio,
León M. Santini,
Ramón Reverté

Diseño tipográfico
Maricris Herrera

Preprensa e impresión
Brizzolis
Madrid, España

© Texto
Inés Ulanovsky

© Fotografía
Pablo Ortiz Monasterio

© 2022
RM Verlag, S.L.
c/ Loreto, 13-15 Local B
08029 Barcelona, España
RM #447

ISBN RM Verlag
978-84-19233-11-0
Depósito legal
B 5730-2022

© 2022
Editorial RM, S.A. de C.V.
Jurisprudencia #13,
colonia Copilco
Universidad, 04360,
Ciudad de México, México
www.editorialrm.com

H
A
R
T
A
S

Pablo Ortíz Monasterio

Similar to those photos taken just in time, right before something extraordinary happens, Pablo Ortiz Monasterio photographed the city of Buenos Aires shortly before a revolution broke out. The book begins with Eva Perón, considered the spiritual leader of the nation of Argentina. The photo of a public building with a huge metal sculpture of Evita speaking to her people foreshadows what is to come. It is fitting that it is her, because she achieved something that had seemed impossible: she granted Argentine women the right to vote. On September 23, 1947, Eva addressed the "women of her homeland" and, in a legendary speech at the Plaza de Mayo, announced the sanction of the law on women's right to vote, a historic declaration that only demanded equal rights and opportunities for men and women.

"Here it is, my sisters, summarized in a few articles of cramped handwriting, there is a long history of struggle, setbacks, and hope. This is why it holds tension of indignation, threatening shadows of twilight, but also, the joyful wakening of triumphant dawns!"

2

This was how Eva told the Argentine women (told us) that we had to fight. After her, come all the other women. The photographer documented a Buenos Aires that seemed as if it were only inhabited by women. The few men who appear in his photos are secondary characters or mere fragments. I look at them at length. I could confirm that the women in his photos are hartas—they're sick and tired—because I also know this feeling. The word harta was one of the most used on Argentine social media over the past several years. It is commonplace to see women wearing clothing with this word printed on it, which represents them like a flag. This is the photographic record of a city inhabited by women, girls, females both young and old who are visibly fed up. Many of them look at the camera with distrust, surprise, or anger and, by doing so, they also seem to question the man behind the camera, who is, in turn, surprised as he takes his shots, perhaps because he feels there is nothing else he can do, and so he transforms this discomfort into photos. Seeing this series is like going on a disturbing, sociological tour visiting different classes of Argentine women. A nun dressed in white is observed by three ladies from behind the window of café. Standing on the sidewalk, with her arms spread open, she looks outraged. Half of her body is lit by the sun and the other half is in the shadows. The nun and the ladies watching her are fed up. Two women are walking with a baby stroller that is disturbingly empty; an elderly lady drinks a cup of coffee as another woman, who could be her daughter or nurse, looks at her. They are all sick and tired. A weary girl looks at the camera with distrust and anger. There's a phrase printed on her shirt that might just be her greatest desire: "Young wild free."

Three generations of women walk along the street and coincide in a single photo. It's not possible to know if they are family or friends, but, even without knowing them, it is clear that they are also fed up. From an illuminated billboard, a model observes the solitude of a Buenos Aires night, two men are overly attentive staring at a woman, and a lady tired of being tired looks at the camera—looks at us— and asks for help. A mother of the Plaza de Mayo wears a sign hanging over her chest with a portrait of Milagro Sala, another woman who was imprisoned for her political activism. A young lady carries a large photo of another mother of Plaza de Mayo as a banner. A woman walks with an Argentine flag wrapped around her. There are numerous photos laid out on a piece of fabric that almost look like religious prayer cards of moments of the presidency of Cristina Fernández de Kirchner, the first female president to be elected by popular vote. Monasterio photographed the moment before something extraordinary happened: the revolution of women who took to the streets, who came out to fight, sick and tired of it being so dangerous to be a woman in Argentina. These are the photos of the calm before the storm.

—Inés Ulanovsky, Buenos Aires, February de 2021

Between 2016 and 2018, I visited the city of Buenos Aires, Argentina three times. In this period, the #MeToo movement was gaining strength in the United States and spreading throughout all of Latin America. In Buenos Aires, there is a notable force in women's stride. I set out to photograph them. Facing the power of feminist movements in the urban centers of Latin America, I decided to review the photos with the intention of putting together a small book of a big moment. On one of the trips, Turma invited me to be a judge for the award for best photography book; Lucho Weinstein served with me on the judges' panel and in the streets. Julieta Escardó, who always contributes, reviewed the document several times and put me in touch with Inés Ulavosky who, among other things, gave it a fitting title: Hartas. For the book's layout, I approached León Muñoz Santini, from the publishing house Gato Negro. From the start, he showed interest and, over long months, we reworked the edition with his rigorous eye. Finally, with Ramón Reverté, we made adjustments, giving it the shape that you are now holding in your hands. My thanks to everyone.

To my three daughters:
Julia, Leonor, and Nicolasa.

– Pablo Ortíz Monasterio

HARTAS
First edition, 2022

Creative direction and page layout
Pablo O. Monasterio
León M. Santini
Ramón Reverté

Prepress and printing
Brizzolis
Madrid, Spain

© Text
Inés Ulanovsky
© Photography
Pablo Ortiz Monasterio

© 2022
RM Verlag, S.L.
c/ Loreto, 13-15 Local B
08029 Barcelona, España

RM #447

ISBN RM Verlag
978-84-19233-11-0

Legal Deposit:
B 5730-2022

© 2022
Editorial RM, S.A. de C.V.
Jurisprudencia #13,
colonia Copilco
Universidad, 04360,
Mexico City, Mexico
www.editorialrm.com